SALDOS DE GUERRA

SALDOS DE GUERRA

Las víctimas civiles en la lucha contra el narco

temas 'de hoy.

Diseño de portada: Lizbeth Batta Fernández
Foto de portada: AFP / Cecilia del Olmo

© 2011, Editorial Planeta Mexicana, S.A. de C.V.
Bajo el sello editorial TEMAS DE HOY M.R.
Avenida Presidente Masarik núm. 111, 2o. piso
Colonia Chapultepec Morales
C.P. 11570 México, D.F.
www.editorialplaneta.com.mx

Primera edición: abril de 2011
ISBN: 978-607-07-0700-1

Impreso en los talleres de Litográfica Ingramex, S.A. de C.V.
Centeno núm. 162, colonia Granjas Esmeralda, México, D.F.
Impreso y hecho en México – *Printed and made in Mexico*

Índice

AGRADECIMIENTOS   9
INTRODUCCIÓN   11

PRIMERA PARTE
DAÑOS COLATERALES

  I. Rosendo Radilla   15
 II. Los campesinos ecologistas   45
III. Inés Fernández Ortega
     y Valentina Rosendo Cantú   67
 IV. La guerra del narco: estrategia decidida
     en el Pentágono   85
  V. Santiago de los Caballeros 104
 VI. En Juárez todos tienen miedo 116
VII. "Uno más al montón de cadáveres" 138
VIII. En Reynosa no pasa nada 146

IX. Tortura 152

X. El fuero militar a juicio 166

SEGUNDA PARTE
LA CAJA DE PANDORA

Alcaldes asesinados 177

Vidas desechables 179

La muerte acecha a los jóvenes 180

Depredadores de la libertad de prensa 182

Desplazados por la violencia 184

Los dineros del narco 186

Ejércitos del narco 188

Violencia y economía 191

El negocio del narcomenudeo 193

Las mujeres y el narco 195

La hora del narcoterror 197

Narcoinsurgencia 198

Jornaleros del narco 200

Pandillas 202

El niño sicario 203

Crisis de la seguridad pública 205

Historias de policías y... ladrones 208

Agradecimientos

QUIERO AGRADECER al Centro de Derechos Humanos Miguel Agustín Pro, a Tlachinollan, a la Comisión Mexicana de Defensa y Promoción de los Derechos Humanos y a Amnistía Internacional.

También a mis amigos, quienes a lo largo de muchos años me han apoyado para realizar mi trabajo, Édgar Cortez, Abel Barrera, Víctor Clarck Alfaro, Balbina Flores y Luis Arriaga.

Introducción

MÁS ALLÁ DEL IMPACTO, del día a día de la información, es determinante dar contexto a los hechos. La pérdida de decenas de miles de vidas, los efectos de la violencia y la corrupción impuestos por el narcotráfico han cimbrado al país y constituyen una seria amenaza para la democracia que todos aspiramos a construir.

Este libro documenta los costos de la estrategia de la guerra en contra del narcotráfico. Una estrategia que data de la década de los años 80 del siglo pasado, generada cuando en el gobierno de George W. Bush, en 1989, se decidió emprender sus acciones como una política de Estado. Tres años antes, Ronald Reagan había advertido que las drogas ilegales eran una amenaza para la seguridad nacional de Estados Unidos. Las consecuencias de esa estrategia saltan a la vista en países como México y Colombia. Documentar esa realidad, a través de crónicas, reportajes, entrevistas, es el propósito de este libro.

En la primera parte del texto se documentan casos que resultan arquetípicos de las consecuencias de la acción de las Fuerzas Armadas en labores de seguridad pública, graves casos de violaciones a los derechos humanos del tiempo de la *guerra sucia* de la década de los años 70 en México. Años después, las denuncias se prodigan en las comunidades indígenas de Guerrero, donde el Ejército deja sentir su fuerza. Otra vez las consecuencias de la irrupción de los militares en acciones que acaso corresponderían a instancias de la seguridad pública. Hoy, las condiciones jurídicas no han cambiado; la presencia de las Fuerzas Armadas continúa; el Ejército y la Armada han tomado posiciones durante el presente gobierno.

La segunda parte del libro presenta al lector datos duros sobre el saldo dejado por la guerra del narco.

Los materiales reunidos son resultado de una labor llevada a cabo a lo largo de los años. El tema de este libro va más allá del narcotráfico, es la violencia social.

VR

Primera parte

Daños colaterales

I. Rosendo Radilla

L OS SOLDADOS ESPERABAN en un retén montado en la carretera. El sol abrasador los había obligado a refugiarse bajo una parota, un enorme y frondoso árbol típico de la región. De pronto, algunos se alertaron y, armas en mano, marcaron el alto al autobús en el que viajaban Rosendo Radilla y su hijo de 11 años de edad. Eran tiempos difíciles, el año más cruel de la cruel *guerra sucia* librada en Guerrero. Más de 300 personas desaparecerían tan sólo en 1974. Era la mañana del 25 de agosto. El autobús, que iba rumbo a Chilpancingo, fue detenido a la afueras de Atoyac, en la colonia Revolución, entre los poblados de Cacalutla y Alcholoa. Todo mundo tenía miedo: cualquiera podía ser señalado, apresado, desaparecido.

Los soldados hicieron bajar del autobús a los pasajeros. Por ese entonces, la estrategia del terror había cobrado ya decenas de víctimas. Muchos habían sido capturados en sus comunidades, en acciones de guerra emprendidas contra inocentes desarmados; habitantes de pueblos adonde llegaba el Ejército de madrugada y les ordenaba salir de sus casas, para luego formar a hombres y mujeres en largas filas. Muchos tuvieron la mala suerte de ser señalados por informantes pagados. Los subían a camiones militares y se los llevaban. Las bajas de esa guerra fueron hombres y mujeres de quienes no se volvió a saber nada, víctimas de la estrategia de acorralar y exterminar a la guerrilla, de quitar el agua al pez y condenarlo a su desaparición; una estrategia sacada de manuales de la guerra de baja intensidad para practicarse en las montañas de Guerrero.

De aquella estrategia seguida por las fuerzas del Estado mexicano para aniquilar al enemigo quedan distintas constancias.

La *guerra sucia* se libró con recursos del Estado; se organizaron grupos policiacos de elite y participó el Ejército. La decisión de acabar con la disidencia, con los movimientos guerrilleros, generó una maquinaria represiva. Mientras que la Brigada Blanca actuó sobre todo en las ciudades y tuvo como enemigo principal a la Liga 23 de Septiembre, el Ejército desató una ofensiva letal contra la guerrilla de Lucio Cabañas.

Un documento elaborado por agentes de la Dirección Federal de Seguridad, fechado el 7 de julio de 1972, resguardado por el Centro de Investigación y Seguridad Nacional (Cisen) y divulgado por la CNDH en su informe sobre Desapariciones Forzadas, describe la estrategia del Ejército mexicano en Guerrero, donde, según información de familiares de desaparecidos políticos, existe un registro de más de 650 personas cuyo paradero se desconoce.

"A raíz del atentado llevado a cabo por dicho grupo el 25 de junio de 1972, se destacaron por parte de la Secretaría de la Defensa Nacional, a través de la 27 Zona Militar, fuerzas que llevan a cabo operaciones para localización, captura o exterminio de esta GUERRILLA; para el efecto, se encuentran actualmente operando en el área crítica un promedio de 360 hombres, a base de pequeños grupos con efectivos no mayores de 33 hombres, constituyendo nueve grupos denominados AGRUPAMIENTO, al mando de un oficial cada uno. Es necesario, para poder contrarrestar las actividades que desarrolla este grupo, en el medio urbano y rural, emplear las mismas técnicas que ellos, utilizando fuerzas de golpeo que en forma clandestina actúan directamente en contra de los miembros ya identificados y ubicados, para quebrantarlos moral y materialmente, hasta lograr su total destrucción."

Este documento revela un modo de actuar, la estrategia del combate en la cual se fijó la "total destrucción" de la guerrilla. La operación inició con 360 efectivos y, como se dice, se utilizaron "fuerzas de golpeo en forma clandestina".

De acuerdo con datos de distintas organizaciones civiles, en 1972 desaparecieron 15 personas en el estado de Guerrero, pero era sólo el inicio de la ofensiva que vivió su momento más intenso en 1974, cuando desaparecieron 322.

TODOS SABÍAN lo que podía pasar al bajar del autobús: la vida quebrada, el no retorno a casa, la cruel separación de la familia, del pueblo. La muerte acechaba vestida de verde olivo.

A Rosendo Radilla, pues, lo acompañaba su hijo, que también se llamaba Rosendo. Cuando el terror se mira desde los ojos de un niño, se magnifica. El pequeño presenció cómo los soldados detuvieron a su padre, cómo lo acusaron de componer y cantar corridos, incriminación con un dejo de burla, de ironía, pues todos sabían que Radilla era un hombre comprometido con la defensa de lo justo, de su gente.

Rosendo era muy conocido. En 1955 había sido presidente municipal de Atoyac, y durante su administración acarreó beneficios para el pueblo; por ejemplo, construyó los cuatro primeros puestos del mercado y compró el primer camión recolector de basura. Preocupado por la educación, gestionó escuelas y profesores para las apartadas comunidades de la sierra. Fue de los fundadores de la escuela primaria Modesto Alarcón y de la secundaria federal de Atoyac. Radilla trabajaba por su pueblo; fue presidente del patronato para la construcción del hospital rural y luego fungió como secretario general del Comité Regional Agrario Campesino de la Sierra de Atoyac de Álvarez.

El más triste de sus corridos, el que más le dolía cantar, era el del negro recuerdo de la masacre perpetrada por integrantes de la policía judicial contra la gente de Atoyac que protestaba en la plaza de la ciudad a causa de los abusos cometidos por la directora de la escuela primaria Juan Álvarez:

Era un 18 de mayo
Como a las 11 sería
En la Plaza de Atoyac

Toda la gente corría
De ver a sus camaradas
Que uno tras otro caían

Todavía hay quien recuerda en Atoyac la voz de Radilla, quebrada por el dolor y la impotencia.

Aquel 25 de agosto de 1974 Rosendo Radilla preguntó a los soldados por qué lo detenían. Alguno de ellos, el sargento, el teniente o quien fuera que estaba al mando del retén, le respondió:

—Por componer y cantar corridos.

Radilla dijo que eso no era un crimen.

—Pero ya te chingaste —sentenció el militar.

Las voces de quienes deciden en las trincheras sobre la vida o la muerte, de los emisarios del poder, tienen siempre un dejo de irónica amargura.

Y Rosendo Radilla *se chingó,* como las víctimas del Guerrero sometido por los militares, como muchos en la región de Atoyac donde estalló de forma brutal la estrategia del aniquilamiento.

A Rosendo se le vio con vida por última vez en las instalaciones del cuartel militar de esa ciudad, el mismo que, de manera paradójica, se había fundado durante su gestión como presidente municipal.

Cuando se camina por los lugares donde se sabe que anidó el miedo, por los escenarios donde se perpetraron crueles torturas, el silencio parece cargado del eco de dolorosas evocaciones.

Una calurosa mañana me colé al cuartel militar. Caminé sin rumbo por el sitio que puede considerarse un monumento a la brutalidad, donde es posible que algunas de las víctimas de la represión hayan sido sepultadas de manera clandestina.

A esta cárcel trajeron a Rosendo Radilla.

Algunos sobrevivientes recuerdan haber visitado el infierno.

¿Dónde están los mil 220 desaparecidos de la *guerra sucia* que sacudió al país en la década de los años 70?

El recuerdo de tanta historias de dolor estremece.

"Escuchaba cuando atormentaban a hombres y mujeres, siempre a la misma hora, en la noche, ya muy tarde, esos gritos. Después no se oía nada. Eso era a diario, todas las noches. Me dolía a mí también, porque ya había pasado por el mismo tormento, lo que se llama tormento. Después de los gritos, de los alaridos, sólo se oían los quejidos y las fuertes respiraciones. No podía dormir. Eso a cualquiera lo mata de miedo, de dolor."

Antonio Reinada Castro es de los pocos sobrevivientes a una estancia en el cuartel militar de Atoyac, donde pasó tres meses.

Zacarías Barrientos también conoció ese lugar. A Zacarías lo mataron por lo que sabía. Fue un testigo clave para la investigación realizada por la Comisión Nacional de Derechos Humanos (CNDH), ya que poseía información de primera mano sobre cómo operó el Ejército en los poblados de Guerrero. Luego de su captura, fue usado como delator y señaló a muchos; se cuenta que le "puso el dedo" a su propio hermano.

Así recordaba cómo era la cárcel clandestina de Atoyac: "Eran muchos cuartos cuadrados, como de ocho metros, me imagino, con baños para allá y para acá. A un lado de los baños había un cuarto chiquito; ahí me tenían a mí solo, yo no estaba con los demás. No me dejaban dormir. Recién llegué, me vendaron los ojos y me empezaron a torturar…"

LOS CUARTOS de los que hablaba Zacarías todavía existen, lo mismo que la pileta, enorme y profunda, donde José Luis Blanco, otro de los sobrevivientes del cuartel de Atoyac, recuerda haber sido torturado, cuando apenas tenía 13 años de edad.

Camino por la enorme explanada donde aterrizaban los helicópteros, más allá de la cancha de basquetbol. Aparecen los fantasmas de entonces, la silueta de metal que este hombre, un cincuentón de mirada extraviada, se acuerda que usaban para la tortura sicológica. "Le disparaban y decían: 'El siguiente en morir eres tú, así que confiesa dónde está Lucio Cabañas'."

Y continúa: "En las noches nos decían: 'Oigan, hijos de la chingada, a esa máquina. Esa máquina es la que hace los hoyos para enterrar a todos los que se mueren'. Era una máquina de las que se usan para remover la tierra. Yo vi esa máquina, la tenían ahí. Ya tarde por la noche oíamos el sonido de la máquina trabajando, nos lastimaba".

En este viejo cuartel hay lugar suficiente, muchos pudieron haber sido sepultados por donde años después camino, en esta soleada mañana.

"Cuando, según ellos, mataron a Sóstenes Cabañas y a otro al que le decían *Cadena*, después me fueron a decir: 'Mañana te toca a ti' ", refiere Antonio Reinada Castro.

—¿Cómo los mataban? —pregunto, mientras nos encontramos en su casa, bajo el altar de una enorme imagen de la Virgen de Guadalupe a la que al parecer nunca le faltan las veladoras encendidas.

—Con cuchillo, no ocupaban armas de fuego…

—¿Qué pasaba con los cuerpos?

—Sepa Dios, nunca supe a dónde los llevaban…

—¿Los pudieron enterrar ahí mismo?

—Sí pudieron hacerlo, pero yo nunca vi…

Antonio salvó la vida. Como lo hicieron con algunos otros, lo acicalaron para ocultar los vestigios del cautiverio y la tortura: rasurada, corte de pelo y hasta unos cuantos días de comida decente y a sus horas. En Atoyac todavía hoy se dice que sólo los "rajaos" pudieron salir con vida del cuartel.

Por el lugar donde camino, modificado en su construcción quién sabe cuántas veces, bien pudieron haberse realizado inhumaciones clandestinas.

Los soldados, dice la gente, tenían una técnica: junto con los cadáveres enterraban montones y montones de clavos. Al oxidarse, los clavos producen acidez, una lenta descarga capaz de eliminar con el paso del tiempo los vestigios de los cuerpos sepultados.

Julio Mata, de Afadem (Asociación de Familiares de Detenidos Desaparecidos y Víctimas de Violaciones a los Derechos Humanos en México), me cuenta: "En Atoyac hay varios lugares donde sepultaron de manera clandestina a la gente, no sólo en el ex cuartel militar, también en la comunidad de Paso del Río, donde, según las autoridades, sólo se encontraron huesos de caballo. Pero ahí también había restos de ropa, y hasta donde sabemos los caballos no usan ropa. Tenemos testimonios de que en ese lugar había un pequeño cuartel militar, adonde llevaban a la gente. A cualquier hora del día o de la noche se oían gritos y los detenidos no volvían salir".

Mata insiste en que en Paso del Río deben hacerse excavaciones en un área más grande que las que se hicieron en el año 2000, después de que la Afadem denunció la posible existencia de un cementerio clandestino en el lugar.

"Hay testimonios de gente que vio que, cuando liberaron a Figueroa Alcocer, un grupo de guerrilleros fue detenido en un retén cercano a El Quemado. Los detienen y ahí mismo el Ejército los ejecuta. La gente dice que obligaron al comisario ejidal de ese momento a enterrarlos. Él ya murió. Tenemos ubicado el lugar, se encuentra entre Cacalutla y El Quemado, ahí se tiene que realizar una excavación también."

El camino entre Cacalutla y El Quemado es de horas que transcurren entre la espesura de altos árboles. En cualquiera de estos parajes de inacabable verdor pueden estar los restos de los guerrilleros muertos luego de la liberación del ex gobernador Rubén Figueroa, como lo narra Julio Mata.

"Hay otros lugares", agrega Mata, "usados para arrojar los cuerpos al olvido. Nosotros visitamos los pozos artesianos de Acapulco, allá por Punta Diamante. Se dice que en los años 80 algunas personas encontraron ahí restos humanos, que incluso hubo actas levantadas ante el Ministerio Público por eso."

Así que José Luis Blanco tenía 13 años cuando los soldados se lo llevaron de San Francisco de Tibor, junto con parientes y conocidos, después de haber tomado el pueblo.

La tortura, el hambre, la sed, el temor de perder la vida... Pero lo peor eran los lamentos, los gritos de dolor que se escuchaban a medianoche, ese llanto de los desesperados.

Los soldados preguntaron:

—¿Cómo te llamas?

—Adela —se oyó una voz.

Fue entonces cuando Blanco supo que quien estaba a su lado era una mujer. Tenía los ojos vendados y presentía que en el lugar donde se encontraba había por lo menos media docena de personas, todas inmovilizadas, muchas postradas por el dolor, por el miedo, de seguro amarradas todas.

Una noche los soldados se llevaron a Adela y, después de un rato, la trajeron a rastras. Blanco sintió cómo su cuerpo laxo caía a su lado, oyó cómo se quejaba. Sus quejidos lastimosos, apenas audibles, se prolongaron durante varios minutos; luego sobrevino un pesado silencio.

Los soldados volvieron; como solían hacerlo, preguntaron el nombre de los que se encontraban cautivos. "¿Cómo te llamas?", le decían a uno y a otro. Adela ya no respondió. Por la rendija a través de la cual miraba, gracias al azar de una venda mal colocada, José Luis Blanco pudo ver cómo los soldados se llevaban a la muchacha. La sacaron a rastras. Horas después los mismos soldados regresaron, los reconoció por sus voces. Otra vez preguntaron: "¿Cómo te llamas?"

"Yo digo que la enterraron ellos, llegaron con las botas llenas de lodo. Es más, estoy seguro de que a Adela la enterraron ahí."

José Luis Blanco enumera los posibles lugares donde en el cuartel militar de Atoyac se pudieron practicar inhumaciones clandestinas: el viejo tronco podrido de un árbol, o la misma oficina que por algún tiempo ocupó el comandante de la policía judicial, cuando ahí se encontraban las oficinas de la corporación.

SEGÚN las denuncias registradas y documentadas por la Afadem, en 1972 hubo 15 casos de desaparición forzada. Quince personas de las que nadie ha vuelto a saber nada y a quienes sus familias aún esperan en las comunidades de Guerrero. El saldo de la *guerra sucia* es de 630 personas desaparecidas sólo en Guerrero, en un periodo de horror que se inició en 1967. Un año resulta clave en la historia de la *guerra sucia* librada en Guerrero: 1974, cuando fueron desaparecidas 322 personas. Ésta es la magnitud de la tragedia: 322 vidas truncadas, 322 personas a las que no se les dio ninguna garantía cuando ocurrió su detención, 322 personas que pudieron ser torturadas en cárceles clandestinas y sufrir un destino como el de Adela.

"En 1974", relata Tita Radilla, vicepresidenta de Afadem, "la situación fue crítica. El Ejército perseguía a Lucio Cabañas y había retenes en todas partes. No fue una cuestión de guerra sólo hacia la guerrilla, sino en contra de toda la población. En los registros de Afadem no aparece ninguna Adela, pero ése puede ser el nombre que alguna de las combatientes de entonces tomó en honor de las adelitas revolucionarias."

Tita Radilla perdió a su padre en esos años, y desde entonces se ha dedicado a exigir el regreso de los desaparecidos ("vivos se los llevaron, vivos los queremos").

"En 1974 la situación fue crítica en el estado de Guerrero. El Ejército perseguía al maestro Lucio Cabañas y había retenes militares por todas partes."

Vale recordar la máxima de la contrainsurgencia acuñada por estrategas del Ejército de Estados Unidos para actuar en Vietnam: "Para acabar con el pez hay que dejarlo sin agua".

"La mayoría de las personas desaparecidas fueron detenidas en sus casas, sacadas de sus domicilios, llevadas a las canchas de basquetbol de los poblados", continúa Tita. "Eran personas de los poblados de la sierra y ahí fueron detenidos. Concentraban a la gente en las canchas, traían una lista y se llevaban a quienes aparecían en ella. Muchas veces en esa lista venían los nombres de mujeres y niños, y también se los llevaban."

Esas listas se armaban en cárceles clandestinas, como la del cuartel militar de Atoyac o la del famoso Ferrocarril en Acapulco. Los nombres incluidos en ellas eran fruto de la tortura.

—¿Qué hizo Arturo Acosta Chaparro por aquí?

—Puede decirse más bien qué no hizo —responde Tita Radilla—. Hizo de todo. La gente lo menciona mucho en sus testimonios. La gente lo conoce. La mayoría de las personas, sobre todo de la sierra, lo conocen, saben que fue el responsable de lo que pasó. Él era quien mandaba, quien ordenaba. Al amanecer los soldados entraban casa por casa, sacaban a la gente y la llevaban a la cancha de basquetbol. Se llevaban a las personas. Hicieron lo mismo en muchos pueblos, como el Rincón de las Parotas, en La Remonta, en San Francisco del Tibor... Era terrorismo de Estado; se trataba de aterrorizar a la población para que no apoyara a la guerrilla de Lucio Cabañas y a la de Genaro Vázquez Rojas, quien también andaba por ahí.

AL MANDO del Ejército en sus incursiones en Guerrero estaba el general Arturo Acosta Chaparro.

El 2 de octubre de 2002, precisamente *el 2 de octubre,* el juez tercero militar dictó auto de formal prisión en contra de los generales Humberto Quirós Hermosillo y Arturo Acosta Chaparro, y del mayor retirado Francisco Javier Barquín, acusados de cometer 143 homicidios. Hombres y mujeres fueron víctimas de la ofensiva del Ejército en las montañas de Guerrero.

Según la acusación presentada por la Procuraduría Militar, el avión Arava 2005 quedó a disposición del entonces coronel Francisco Quirós Hermosillo, comandante del Segundo Batallón de la Policía Militar.

En 1975, tras permanecer en un lugar llamado "Escalón avanzado", de la 27 Zona Militar, una prisión clandestina, muchos presuntos guerrilleros fueron trasladados a la base militar de Pie de la Cuesta.

Gustavo Tarín, ex militar, testigo protegido de la PGR, clave en las acusaciones de protección al narcotráfico en contra de Acosta Chaparra y Quirós Hermosillo, dijo cómo muchos fueron asesinados: "Los ejecutábamos Acosta Chaparro, Alfredo Mendiola, Alberto Aguirre y Humberto Rodríguez Acosta de un disparo en la nuca con una pistola calibre .380…"

Fueron Quirós Hermosillo y Acosta Chaparro quienes establecieron la práctica de las ejecuciones y los cuerpos arrojados al mar. Estos militares escalaron posiciones dentro del aparato de la *guerra sucia;* Acosta Chaparro fue nombrado jefe de la policía del estado de Guerrero, y Quirós Hermosillo, coordinador del Consejo de Seguridad que auspició la creación de la Brigada Blanca.

EL DOMINGO 27 de agosto del año 2000 una noticia a ocho columnas se publicó en diferentes diarios: los generales Arturo Acosta Chaparro y Francisco Humberto Quirós Hermosillo estaban sujetos a investigación por delitos contra la salud. Según los testimonios de Tomás Colsa McGregor —de oficio joyero, y testigo protegido de la PGR que luego sería asesinado—, de Adrián Carrera —ex director de la policía judicial, también asesinado tiempo después— y de Jaime Olvera —ex chofer de Amado Carrillo—, los generales estaban involucrados en los negocios del narcotraficante conocido como el *Señor de los Cielos*. Usaron su rango y sus recursos para brindar protección al Cártel de Juárez.

Acosta Chaparro fue detenido en la oficina de los Almacenes de Inspección General en el Campo Militar número 1, y Quirós Hermosillo, al llegar a su casa en la colonia Herradura de la ciudad de México.

Desde que los medios de información dieron a conocer la captura de los generales, se alzaron distintas voces para exigir que fueran juzgados también por crímenes de lesa humanidad cometidos en la década de los años 70.

Mario Arturo Acosta Chaparro se graduó en el Colegio Militar y después fue asignado al batallón de Paracaidistas de Guardias Presidenciales. Fue hombre de confianza de Javier García Paniagua, secretario de la Defensa, director de la temible Dirección Federal de Seguridad, máximo dirigente del PRI y aspirante a la Presidencia del país.

Este especialista en contrainteligencia, egresado de la Escuela de las Américas, en 1974 participó, junto con su amigo y colega de toda la vida, Francisco Quirós Hermosillo, en el rescate del ex gobernador de guerrero Rubén Figueroa Figueroa, secuestrado por la guerrilla de Lucio Cabañas, lo que le valió la confianza del famoso *Tigre de Huitzuco*.

El comandante de la policía judicial del estado, el encargado de aniquilar a la guerrilla en la sierra de Atoyac, el temible guerrero sucio, participó en los turbios negocios que propicia la corrupción policiaca. Existen denuncias de que el general Acosta Chaparro estuvo involucrado en robo de automóviles, secuestros y narcotráfico. En 1977 se encontraron 270 vehículos robados en una bodega en Acapulco que era propiedad del general.

Años más tarde, en 1985, cuando ocurrió la muerte del agente de la DEA Enrique Camarena, en distintas actuaciones judiciales, tanto en México como en Estados Unidos, se mencionó a un militar que vendía protección a Rafael Caro Quintero… un general apellidado Acosta Chaparro.

En 1980, Agustín Acosta Lagunes, recién electo gobernador de Veracruz, nombró a Acosta Chaparro titular de la Dirección de Seguridad Pública. En los años que ocupó el cargo se desató una ola de crímenes, asaltos y secuestros que nunca se esclarecieron.

Mario Arturo Acosta Chaparro también fue hombre de confianza de Rubén Figueroa Alcocer. Su misión consistió en erradicar al EPR. Se le señala como uno de los autores intelectuales de la masacre de Aguas Blancas.

En noviembre del año 2002, el general Acosta Chaparro fue sentenciado a 15 años de prisión. Tres años más tarde, un tribunal federal anuló en definitiva el Consejo de Guerra que lo declaró culpable.

En junio de 2007, el general fue declarado inocente y liberado. Acosta Chaparro permaneció seis años y 10 meses en la prisión del Campo Militar número 1 de la ciudad de México. Poco menos de un año después de su liberación, en abril de 2006, se retiró con honores del Ejército mexicano.

El 19 de mayo de 2010, Mario Arturo Acosta Chaparro sobrevivió a un disparo de bala en el tórax, de acuerdo con la versión oficial, cuando sufrió un intento de asalto en la colonia Condesa de la ciudad de México.

EN 1969 se inició la pesadilla de las desapariciones forzadas.

El estudiante Juan García Fierro, quien había participado en distintos movimientos de protesta, fue la primera víctima de la *guerra sucia* en Guerrero.

La detención ilegal inicia la cruda pesadilla de la desaparición forzada. Los torturadores exigen información, nombres, datos sobre lugares de reunión y operaciones. Es el largo camino de la humillación y el dolor.

Muchos, como Rosendo Radilla, nunca fueron acusados de presuntos delitos ni llegaron a las cárceles.

Según información de la Afadem, en México hay un registro de mil 200 casos de desaparición forzada.

El juez cuarto de justicia militar, Domingo Arturo Salas Muñoz, decretó auto de libertad, "por desvanecimiento de datos", a favor del general Arturo Acosta Chaparro en el juicio que se le siguió por el homicidio de 22 campesinos.

Dicho juez desestimó los testimonios de quienes vieron al general encabezar los operativos que llevaron a los campesinos, después de su captura, rumbo a la base área de Pie de la Cuesta, donde los ejecutaron antes de arrojarlos al mar. Tampoco contó la bitácora de los 33 vuelos de la muerte, realizados entre 1975 y 1979, cuando, según testimonios de personal de la base aérea, eran arrojados al mar entre ocho y 12 cuerpos en cada fatídico vuelo.

Asimismo, el juez desestimó el testimonio de Gustavo Tarín Chávez, famoso como torturador bajo las órdenes de Acosta Chaparro, quien acusaba al general de haber participado directamente en muchas de las ejecuciones.

La singular figura legal "por desvanecimiento de datos" usada por el juez militar Salas Muñoz, la "amnistía de facto" para el general, tiene su historia.

"A la gente se le había estado citando para que fuera a declarar a la 27 Zona Militar o al Campo Militar número 1", dice Tita Radilla. "Volvieron a citarlos, los citaban a declarar por homicidio calificado en contra de Mario Arturo Acosta Chaparro, Francisco Quirós Hermosillo y el mayor Barquín. La mayoría de los familiares de personas desaparecidas no fueron por temor."

No hay duda de que la maquinaria de la justicia opera en la dirección que se le indique… El citatorio que fue enviado a las personas no era por el delito de desaparición forzada, sino por el de homicidio calificado. Los testimonios de los declarantes eran sólidos en cuanto a las acciones del Ejército en la captura de los desaparecidos, pero seguramente endebles para acusar de homicidio a alguno de los indiciados.

Más allá de lo estrictamente jurídico, quienes se atrevieron a rendir declaración en el Campo Militar número 1 lo hicieron en la indefensión, sin un abogado que los asistiera, algunos de ellos sin saber leer ni escribir. El Ejército los llevó en un autobús especial y se encargó de pagarles su estancia en un hotel de la ciudad de México. Hay quien dice que recibió 50 pesos para sus gastos y confió en la promesa de una pensión (que no se ha cumplido) para resarcir los daños de la pérdida de un hijo, de un hermano, de un padre.

Cuando a Tita Radilla se le pregunta sobre el perdón, no tiene que pensarlo mucho. Ella perdió a su padre. "Hay cosas que se pueden perdonar, pero hay cosas que son imperdonables. Tal vez si ellos hablan, si ellos dicen qué pasó con los desaparecidos, qué hicieron con ellos, dónde están, dónde se encuentran, podremos perdonarlos. Quizá en el momento en que vea los restos de mi padre pueda decir, bueno los perdono, pero jamás, jamás, vamos a olvidar."

A FINALES del año 2009, por fin hubo un atisbo de justicia. La Corte Interamericana de Derechos Humanos condenó al Estado mexicano por la desaparición forzada de Rosendo Radilla.

Se trató de una sentencia sin precedentes que reconoce que la desaparición de Radilla se dio en un contexto de violaciones sistemáticas a los derechos humanos durante la *guerra sucia*.

La sentencia es clara: "Ha sido documentado que en la época en que fue detenido y desaparecido el señor Rosendo Radilla Pacheco, en diversas partes del territorio mexicano tuvieron lugar numerosas desapariciones forzadas de personas [...]. Así, la desaparición del señor Radilla Pacheco no sólo es, a todas luces, contraria al derecho a la libertad personal, sino, además, se enmarca en un patrón de detenciones y desapariciones forzadas masivas".

En cuanto al fuero militar, la sentencia dice: "En un Estado democrático de derecho, la jurisdicción militar ha de tener un alcance restrictivo y excepcional y estar encaminada a la protección de intereses jurídicos especiales, vinculados a las funciones propias de las fuerzas militares".

Treinta y cinco años después del aciago año de 1974, cuando desaparecieron cientos de personas en Atoyac, una instancia jurídica internacional reconocía las extremas violaciones a los derechos humanos sufridas por quienes fueron las víctimas de lo que la propia Corte Interamericana califica en su sentencia como "un patrón de detenciones y desapariciones forzadas masivas".

Vale preguntar: ¿quién es responsable de haber decidido emplear la fuerza del Estado para cometer esa serie de delitos?, ¿quiénes son los culpables de esas detenciones masivas arbitrarias?, ¿alguna vez se emprenderá un juicio contra los torturadores, los posibles asesinos y quienes hayan participado en las inhumaciones clandestinas de los entonces caídos?

JUAN CARLOS GUTIÉRREZ, de la Comisión de Defensa y Promoción de los Derechos Humanos, fue uno de los abogados que representaron a la familia Radilla en el proceso que culminó con la sentencia dictada por la Corte Interamericana de Derechos Humanos. Conversamos a finales del mes de septiembre del año 2010, en la sede de esta organización de la sociedad civil en la ciudad de México.

—Ha pasado poco menos de un año desde la sentencia

dictada por la Comisión Interamericana de Derechos Humanos. ¿Qué ha sucedido con el caso Radilla?

—El 24 de noviembre se va a cumplir un año de que la sentencia fue emitida y falta todo por cumplir. Lo que les interesa a los familiares, que nosotros representamos, es que se investiguen los hechos. Recientemente estuvimos en la Procuraduría, revisamos el expediente y no hay un solo avance adicional a la fecha a la que se emitió la sentencia; es más, ni siquiera la PGR ha incorporado al expediente la sentencia de la Corte Interamericana ocho meses después de emitida. Esto denota el desinterés absoluto por investigar este caso, que es un caso paradigmático, que tiene una sentencia internacional. Seis o siete meses después de que se encuentra en la Coordinación de Investigaciones Especiales de la SIEDO de la PGR, el Ministerio Público encargado ni siquiera ha emitido un reconocimiento para incorporar la sentencia de la Corte Interamericana, lo cual deja ver que definitivamente no hay ninguna voluntad política, ni jurídica, de investigar ese tipo de hechos.

"Éste es el tema, la impunidad propia en México. En México no ha habido justicia, como la ha habido en América Latina, veamos el caso de Fujimori, el caso de Argentina, ver a Videla en la silla de los acusados, pero en México estamos muy lejos de esta situación."

—¿Cuál es el saldo que ha dejado el Ejército mexicano en su labor de actividades de seguridad pública en la llamada guerra del narco?

—La percepción de los organismos de derechos humanos

es que este lamentable saldo obedece a una serie de conceptos que se han venido incorporando; por ejemplo, daños colaterales. Cuando se está en un conflicto armado, las víctimas civiles que ocasiona esta situación se denominan así y en México sucede lo mismo, lo cual es preocupante. Se trata de civiles, víctimas de asesinatos o amenazas, cometidos en esta guerra contra el narcotráfico.

—¿Qué opinas del fuero militar, de que estos casos sean juzgados por instancias militares, en tribunales que parecen lejos de hacer justicia?

—Quisiera precisar que las organizaciones y los abogados que defendemos casos y litigamos no estamos en contra del fuero militar, porque parecería que lo que queremos es acabar con el fuero y denostarlo. Nada más alejado de la realidad. Lo que planteamos es que el fuero debe existir, porque la disciplina militar es necesaria; es decir, un soldado que desobedezca una orden, un soldado que deserte, que maltrate su fusil, sus instrumentos de guerra, que desobedezca las órdenes de sus superiores, debe ser juzgado por el fuero militar. El fuero debe permanecer y debe estar claramente establecido, se debe juzgar por el Código Militar. Ahora, ¿qué es lo que sucede? Resulta que hay situaciones, por ejemplo, la violación sexual o casos de desaparición forzada o de tortura, que nosotros, y no sólo nosotros, sino la Corte Interamericana de Derechos Humanos, instancias como Naciones Unidas, se han pronunciado por que en ningún país y en ningún contexto esos casos pueden ser investigados por tribunales militares, porque son tribunales que tienen verticalidad de mando, que dependen de órdenes de superior, que no son independientes e imparciales. El debate que se ha venido planteando es un falso debate en el sentido de que plantea que nosotros queremos que termine el fuero; no, el fuero debe de permanecer, lo único es que estos delitos deben ser investigados por la justicia civil. Aunque hay que señalar que ésa tampoco es la solución, ya que hemos visto la ineficacia de la Procuraduría General de la República para investigar casos de violaciones a los derechos humanos.

—El caso Radilla ocurre en el contexto de la *guerra sucia* de la década de los años 70, pero encontramos casos posteriores de intervención del Ejército en labores que le son ajenas, que repiten las mismas condiciones, que repiten la impunidad...

—México es un país que tiene una severa crisis estructural en materia de justicia y esto no solamente se refleja en graves violaciones a los derechos humanos, sino en muchos otros hechos. Nosotros estamos viendo casos de tortura gravísimos en cárceles, en instalaciones militares, donde a pesar de las denuncias internacionales no hay ninguna voluntad de investigar estos hechos. En algunos casos, cuando los testimonios son tan fuertes y tan contundentes que resultan irrebatibles, se envían las investigaciones a la jurisdicción militar, donde empieza a darse el contexto de la impunidad.

"Todo esto obedece a un patrón estructural. En materia de justicia hemos venido señalando que, mientras persistan figuras como el arraigo, que es una figura sumamente violatoria de derechos humanos, que está incorporada a la Constitución, que establece que una persona puede ser detenida sin existir pruebas en su contra por 40 o hasta 80 días; mientras existan figuras como los testigos protegidos, va a ser muy difícil mejorar el sistema de justicia en México. El debate del problema estructural de la justicia del pasado y del presente va en la misma línea. El México de hoy debe reconocer las injusticias del pasado y resolverlas terminando con la impunidad."

HUMBERTO GUERRERO, abogado en el caso Rosendo Radilla por la Comisión Mexicana de Derechos Humanos, está convencido de que la impunidad permanece en el caso.

—La Corte Interamericana de Derechos Humanos dictó sentencia en contra del Estado mexicano. ¿Se ha hecho justicia?

—No. Hay que responder de este modo, categóricamente. Para el cumplimiento de esta sentencia hemos llevado a cabo alrededor de cinco reuniones de carácter oficial, con la presencia de autoridades del Estado mexicano; han participado principalmente representantes de la Secretaría de Gobernación, de la Procuraduría General de la República. También de la Secretaría de Seguridad Pública y la Secretaría de Relaciones Exteriores, sólo como observadores, por tratarse de un tema de carácter internacional. Desde la primera reunión que se realizó, en el mes de mayo del 2010, en Acapulco, Guerrero, los familiares fueron muy claros en su planteamiento. "Lo que nosotros queremos es que se avance primero en las investigaciones; queremos saber quiénes son los responsables y dónde están los restos, si ése es el caso, de nuestro padre", expresó la señora Tita Radilla.

"Pero éste es el tema en el que menos se ha avanzado. Podemos considerar que hasta este momento el Estado mexicano se encuentra en lo que llamo una simulación de cumplimiento de la sentencia. Se ha pretendido cumplir con esta sentencia, cumpliendo lo menos posible, por así decirlo. Sólo por poner un ejemplo, en cuanto a algo que fue importantísimo para nosotros y para el movimiento de familiares de desaparecidos, el reconocimiento de la acción sistemática y masiva de violaciones a los derechos humanos en el contexto de la *guerra sucia,* el Estado mexicano se niega a colocar esto en la placa en memoria de Rosendo Radilla, lo que fue otra de las reparaciones ordenadas, lo cual para las víctimas es inaceptable. Eso sólo por dar un ejemplo de la actitud que llamo, y perdón por la expresión, *poquitera* del Estado mexicano para cumplir con la sentencia, como si ésta se tratara de un asunto que, como decimos los abogados en el argot de los tribunales del Distrito Federal, se puede *chicanear.*

—La Corte Interamericana fue contundente en su sentencia: el fuero militar debe ser acotado. ¿Qué opinas de la propuesta del presidente Calderón sobre el tema?

—Me parece otro ejemplo de esa postura del gobierno de simular que se cumple la sentencia, sin hacerlo. Recordemos que, cuando el ex secretario de Gobernación Fernando Gómez-Mont anunció esta propuesta, dijo que se iría más allá de lo que planteó la Corte Interamericana de Derechos Humanos. Resulta que lo que tenemos como resultado final, la propuesta de reforma, que presentó el Ejecutivo, es una propuesta que en realidad no cambia nada. Si se lee con atención, se descubre que se pretende mantener el estado de las cosas tal y como están. Lo que dice esa reforma, traduciéndolo a términos coloquiales, es que los militares siguen preservando la facultad de ser los primeros en investigar la comisión de delitos en los que pudieran estar involucrados y que sólo cuando su investigación determine que se trata de un delito de desaparición forzada, tortura o violación sexual, entonces se lo enviarán a la justicia penal ordinaria.

"Quienes nos dedicamos a esto sabemos que hay miles de trampas y miles de trucos a lo largo de las investigaciones que pueden realizar las autoridades militares para evitar que este tipo de casos finalmente lleguen al fuero que debería conocerlos, el fuero penal ordinario.

"Esto se hace de manera recurrente en nuestro país; por ejemplo, ante un caso de tortura, lo que hacen las autoridades es nunca iniciar una averiguación previa por tortura, la inician por otros delitos, como lesiones o abuso de autoridad. Lo que se genera es una simulación y los posibles delitos permanecerán en la justicia militar por siempre.

"Por otra parte, lo que ordenó la Corte Interamericana es que la reforma debe ir en el sentido de que, desde el inicio de la investigación, quien debería de ser competente es la justicia penal ordinaria, es decir, la Procuraduría General de la República o las procuradurías de justicia locales, y no la justicia militar. Lo que propone la reforma de Calderón es que los militares sigan siendo quienes investigan en primer lugar.

Además, hay que señalar que los militares han sido señalados de manera recurrente por alterar las evidencias, por alterar la escena del crimen, como lo señaló la CNDH en los casos de los estudiantes del Tecnológico de Monterrey o de los niños Almanza."

—Por estos días concluyó una diligencia de la PGR en la que se buscaron los restos de Rosendo Radilla. ¿Qué ocurrió?

—Tenemos el antecedente de que en el año 2008, precisamente de manera previa a que el asunto fuera enviado a la Corte Interamericana, la Procuraduría General de la República realizó diligencias de excavación en el terreno del ex cuartel militar de Atoyac de Álvarez. Ciertos puntos que fueron *escaneados* fueron *barridos* con un aparato que se conoce como *geo radar*. Este aparato detecta anomalías en el subsuelo. Fue así que registró anomalías que posiblemente podían ser fosas clandestinas usadas por el Ejército para sepultar los restos de los desaparecidos de Atoyac.

"Ahora, en el 2010, en cumplimiento de la sentencia, puesto que fue uno de los resolutivos ordenados por la Corte, se continuó con la búsqueda y la localización de los restos mortales del señor Rosendo Radilla Pacheco. La PGR ordena nuevas excavaciones, esto generó gran expectativa, hasta que nos topamos con la realidad sobre cuáles eran los alcances de estas diligencias. Estas diligencias no se extendieron a otros puntos del ex cuartel, que es enorme, su extensión es aproximadamente de cinco hectáreas de terreno y sólo se excavó entre 200 y 300 metros cuadrados aproximadamente, en puntos donde ya se había excavado en el 2008. Lo único que hicieron fue descartar que ahí realmente hubiera algo. Si originalmente en el 2008 la excavación abarcó, digamos, un metro, ahora la extendieron un poco más allá, dos metros. Los expertos que nos acompañaron, arqueólogos forenses de la Fundación de Antropología Forense de Guatemala, quienes tienen muchísima experiencia en este tema por la historia de su país, nos dijeron desde un principio que las expectativas de esta diligencia eran limitadas. Si la PGR quiere hacer una investigación seria, tiene que extender esta diligencia a otros puntos en el ex cuartel militar.

"En esta diligencia se descartó la presencia de restos humanos, precisamente en los lugares que ya habían sido *escaneados* en el 2008; pero, insisto, queda mucho por hacer en la búsqueda de restos de posibles desaparecidos. Lo que se hizo fue simular que se cumple con la sentencia, pero lo cierto es que la impunidad permanece.

"Hay algo fundamental en la sentencia: el reconocimiento de que la desaparición de Rosendo Radilla es resultado de una práctica sistemática y masiva efectuada por el Ejército cuando la *guerra sucia* en México.

"Este reconocimiento por parte de la Corte Interamericana fue importantísimo, en sí mismo representa una victoria para el movimiento de familiares de desaparecidos de la *guerra sucia* en este país, no fue solamente una victoria de la familia Radilla. Este caso logró construirse con base en el apoyo de cientos de personas que confiaron en la Comisión Mexicana y en Tita Radilla para compartir sus testimonios y al final lograr, gracias a ellos, esta sentencia de la Corte Interamericana. Esta sentencia es el primer documento oficial donde se reconoce la realidad y el contexto de la *guerra sucia* en México; lamentablemente tuvo que ser una instancia internacional, ya que las instancias nacionales se negaron a hacerlo. Como antecedentes de este documento, en el ámbito nacional tenemos la recomendación de la CNDH 26/2001 o el propio informe de la Fiscalía para Delitos del Pasado, que con todo y sus deficiencias es un documento que nosotros consideramos de carácter oficial y que en cierta forma refleja lo que ocurrió en la *guerra sucia*.

"Pero nuestra sorpresa fue muy grande cuando llegamos a la audiencia ante la Corte Interamericana de Derechos Humanos y el Estado mexicano desconoció y negó el carácter oficial de esos documentos, además de la validez y veracidad de su contenido. Por lo tanto, fue muy importante que la Corte Interamericana se pronunciara sobre este tema y señalara, a pesar de la objeción del Estado mexicano, que se trataba de una práctica sistemática y masiva.

"Quisiera recordar lo que ocurrió en la Corte. El entonces secretario de Gobernación, el señor Fernando Gómez-Mont, reconoció desde un principio los hechos de la desaparición forzada de Rosendo Radilla. Llegó a la audiencia, se paró y dijo ante los jueces: 'Nosotros lamentamos la desaparición del señor Radilla, reconocemos que eso ocurrió, que fue a manos del Ejército, pero', y vino el gran pero, 'esto fue un acto aislado, un hecho esporádico, producto de la indisciplina de unos cuantos miembros del Ejército'. Pero esto no fue así, fue una política de Estado, una política institucional para reprimir a la disidencia de este país durante los años 60, 70 y parte de los 80. Esto sigue siendo uno de los puntos que genera mayor tensión en el cumplimiento de la sentencia porque el Estado mexicano, al no cumplir con la sentencia, trata de evadir toda referencia a ese contexto de represión sistemática y masiva.

"Nos preguntamos por qué a tantos años de distancia se niega, si ya no está el PRI en el poder y ahora, supuestamente, hay un nuevo partido. La respuesta que nosotros encontramos es que se trata de proteger al Ejército a ultranza, porque la legitimidad, si es que la tiene el señor Calderón como presidente, pende de un hilo, y ese hilo es el Ejército."

II. Los campesinos ecologistas

"**E**STOY MUY CONTENTO, me siento alegre, con confianza, porque digo: ahora sí voy a ver brillar el sol, voy a ver brillar la justicia. No estamos en México, estamos en otro país y por eso espero que se haga justicia." Eso me dice Rodolfo Montiel, quien se encuentra en la ciudad de San José, Costa Rica, horas antes de que rinda testimonio en la Corte Interamericana de Derechos Humanos, a propósito de la tortura y la denegación de justicia de la que fue víctima, lo mismo que Teodoro Cabrera, ambos detenidos arbitrariamente, torturados, con un par de años de cárcel a cuestas, todavía hoy viviendo en el exilio.

Fue a finales de agosto de 2010, el día 26 por la mañana, cuando conversamos. Seis meses después, la Corte Interamericana de Derechos Humanos dictó sentencia a favor de quienes son conocidos internacionalmente como "los campesinos ecologistas". El 20 de diciembre se publicó la sentencia, inapelable, de carácter vinculante, por lo que se obliga al Estado mexicano a cumplirla. La tortura de la que fueron víctimas Montiel y Cabrera, perpetrada por militares, según su propio testimonio, debe ser investigada por la justicia ordinaria y no por instancias militares. Se precisa que es necesario reformar el Código de Justicia Militar para excluir de la competencia del fuero militar delitos derivados de violaciones a los derechos humanos.

La sentencia especifica: "Las víctimas de violaciones a derechos humanos y sus familiares [tienen] derecho a que tales violaciones sean conocidas y resueltas por un tribunal competente de conformidad con el debido proceso y el acceso a la justicia [...]. Esta conclusión se aplica no sólo para casos de tortura, desaparición forzada y violencia sexual, sino a todas las violaciones de derechos humanos".

Al final brilló el sol. Se reconoció la inocencia de los inculpados, se exigió que fueran tratados de las secuelas dejadas por la tortura, además de ser indemnizados.

MIENTRAS conversamos vía telefónica unas horas antes de que Montiel comparezca en la Corte Interamericana, recuerdo que, meses después de su captura el 2 de mayo de 1999, cuando los campesinos ecologistas se enfrentaban a un proceso plagado de irregularidades en el Juzgado Quinto de Iguala, donde su expediente era uno de tantos consumidos en el olvido de verdaderas montañas de papel, con el equipo de televisión de *Punto Partida,* un programa de MVS, hicimos un viaje a la sierra de Petatlán para encontrarnos con los efectos de la depredación de la tala de los bosques. Ríos desecados, montañas donde los bosques de pino eran un mero recuerdo, incendios provocados para el desmonte y la siembra de vaya a saber qué cultivos en una región donde el clima favorece a la amapola y la marihuana. Desde 1993, el Ejército tomaba posiciones, la militarización era una realidad evidente, había retenes y campamentos colocados estratégicamente en las zonas guerrerenses de la Costa Grande, la Costa Chica, la Tierra Caliente y la Montaña.

La geografía del desastre se extiende por la vasta zona montañosa de la sierra de Petatlán y Coyuca de Catalán. El ejido El Durazno, situado en la región conocida como Filo Mayor, fue quemado y deforestado en 1998.

Las consecuencias en el ecosistema no tardaron en dejarse sentir. Los ríos El Mameyal y Río Frío se desecaron. Convertidos en arroyos, las truchas que antes abundaban en sus aguas se extinguieron y de los camarones que ahí se capturaban sólo queda el recuerdo.

En el Banco Nuevo, municipio de Petatlán, los bosques también fueron devastados por la tala inmoderada y las quemas. La Organización de Campesinos Ecologistas de la Sierra de Petatlán y Coyuca de Catalán muchas veces denunció la tala inmoderada en los ejidos Río Frío, Los Fresnos, Corrales, Bajos del Bálsamo, San José de Los Olivos y Porvenir.

RODOLFO MONTIEL, quien fue reconocido con el Premio Ambiental —que otorga la Fundación Goldman— por su labor ecologista, y considerado preso de conciencia por Amnistía Internacional, era un modesto vendedor de ropa en abonos que recorría los poblados de la sierra. Luego de sufrir la cárcel y vivir en el exilio, recuerda lo vivido entonces. Mientras hablamos, lo imagino en un cuarto de hotel, en San José, Costa Rica; debe haber dormido mal, fue un largo viaje desde el lugar donde vive exiliado en Estados Unidos.

"Salía a vender ropa en una moto, recorría los caminos, iba a las pequeñas comunidades", relata. "Fue así como me fui dando cuenta de que estaban explotando el bosque de manera muy inmoderada. Las compañías que explotaban los bosques arrasaban con todo, sobre todo en los lugares donde había manantiales, porque cerca estaban los árboles más grandes, más llenos de vida. Alguna vez fui a pescar con mi cuñado, fuimos a una lagunita donde nos encontramos con mucho pescado muerto. Algunos aún estaban vivos, con la panza y el espinacito dentro del lodo, todavía queriendo nadar. Eso me dio mucha tristeza. Por eso hablamos con Celso Figueroa, con su hermano Abelardo. Luego fuimos a hablar con la gente, pero como en ese entonces estábamos jóvenes, necesitábamos de un señor de más experiencia; por eso pensamos en Juan Bautista, un hombre que era muy escuchado. Lo invitamos a un recorrido con nosotros por la sierra para que viera cómo estaban explotando los bosques. Así fue como empezamos a organizarnos. Después vinieron eventos muy lamentables."

LA HISTORIA del deterioro ecológico sufrido en la sierra de Petatlán comenzó en 1995, cuando el entonces gobernador del estado, Rubén Figueroa, firmó un acuerdo de explotación forestal con la empresa Boise Cascade, al amparo del Tratado de Libre Comercio. Boise Cascade buscaba nuevos territorios para la explotación maderera ante la instauración de leyes más severas en materia de medio ambiente y ecología en Canadá y Estados Unidos. En el sur, encontró la riqueza de las zonas boscosas de Guerrero, donde instaló su filial: Costa Grande Forrest Products. Miles de kilómetros cuadrados de bosques de pino y abeto quedaron a disposición de la transnacional maderera, después de la firma del ventajoso contrato que estableció con 24 ejidos de la región, donde el hombre fuerte, un verdadero cacique, era Bernardino Bautista.

Según los pobladores de la sierra de Catalán, la tala clandestina durante años fue un crimen a menor escala que luego se industrializó. Ante la inminencia de lo que consideraron una catástrofe ecológica, los campesinos se unieron. Surgió entonces la Organización de Campesinos Ecologistas de la Sierra de Petatlán y Coyuca de Catalán. Eran campesinos convencidos de la necesidad de preservar el bosque y quienes sufrían las consecuencias de la tala inmoderada: ríos desecados, trastornos en el microclima, la tristeza de ver cerros "pelones" por todas partes en un desolado paisaje.

"Nosotros escribimos cartas a quien entonces era gobernador interino, Ángel Aguirre; también le escribimos al secretario de Medio Ambiente y Recursos Naturales en Chilpancingo. Le escribimos también a la señora Julia Carabias, secretaria del Medio Ambiente y Recursos Naturales del gobierno federal, incluso le escribimos también una carta al entonces presidente Ernesto Zedillo", recuerda Rodolfo Montiel.

La historia de Campesinos Ecologistas suma recortes de periódico, boletines de prensa y algunos documentos oficiales. En el fólder rescatado del mueble donde se acumulan los expedientes de mi trabajo como reportero, encuentro las copias de algunas cartas firmadas por la Organización de Campesinos Ecologistas de la Sierra de Petatlán y Coyuca de Catalán A. C. Se trata de peticiones firmadas por decenas de pobladores de la región, con párrafos un tanto ingenuos, dedicados a la buena intención de los más altos funcionarios:

"Nosotros exigimos que se respete nuestra decisión de no permitir la tala de nuestros bosques, que se inicie una intensa campaña de reforestación, que se ponga cuidado para nuestra ecología y que se apoye a las comunidades con créditos para impulsar proyectos productivos ganaderos o agropecuarios para que el nivel de vida de nuestra gente no se vaya al vacío…", carta dirigida al gobernador del estado de Guerrero, Ángel Aguirre, fechada el 27 de febrero de 1998.

"Queremos denunciar que en los lugares denominados La Mesa de la Cruz, de La Piedra, El Durazno, en el ejido del mismo nombre y en diversos puntos de la cuenca del Río de Coyuquilla del municipio de Petatlán, se han producido incendios de bosques sin que a la fecha intervenga ninguna autoridad", carta dirigida a Eleazar Lucatero Rivera, representante de la Procuraduría Federal de Protección al Medio Ambiente (Profepa) en Zihuatanejo, 18 de abril de 1998.

"La Organización de Ecologistas de la Sierra de Petatlán

y de Coyuca de Catalán solicita su intervención para que la Profepa realice una evaluación del impacto ecológico que ha tenido en nuestra región la explotación del bosque por la Unión de Ejidos Rubén Figueroa. Nos preocupa que a más de tres meses de estar solicitando la presencia de las autoridades forestales no se nos atienda y de que el saqueo de la madera se realice en completa violación a las normas técnicas establecidas", carta dirigida al delegado de la Procuraduría Federal de Protección al Medio Ambiente en Chilpancingo, Guerrero, 1 de mayo de 1998.

Entre los documentos del expediente de los Campesinos Ecologistas aparece la denuncia hecha el 3 de marzo de 1998 por el campesino Abelardo Figueroa Abarca, con domicilio conocido en El Mameyal, municipio de Petatlán.

Abelardo Figueroa fue claro al describir el problema en el espacio indicado en el formato elaborado por la Dirección de Quejas y Denuncias de la Profepa: "Explotación de madera de pino, sin respetar las normas establecidas en la ley del equilibrio ecológico".

También fue claro al proporcionar el nombre del denunciado: "Unión de Ejidos Rubén Figueroa".

Nadie escuchó los reclamos de los campesinos ecologistas, a nadie pareció importarle el caso sino hasta que la organización buscó una forma de presión más eficaz: los "paros de madera". Las brechas y caminos de la sierra fueron bloqueados para impedir la salida de madera en rollo transportada en camiones. El negocio empezó a causar problemas. Expertos de Boise Cascade debieron hacer una evaluación de riesgos;

el talado de los bosques de la región ya había dado suficientes ganancias. En abril de 1998, cuando las protestas de la organización de campesinos arreciaban y se vivía ya un tenso clima de violencia en la sierra, Boise Cascade canceló sus operaciones bajo el argumento de que las "condiciones de negocio eran difíciles".

Fueron tres años de intensa explotación de los bosques y muchas promesas incumplidas. Boise Cascade sólo compraba el pino de primera; los caminos prometidos fueron más bien brechas aprovechadas en beneficio de la empresa; no se construyeron escuelas y menos centros de salud. La extracción de la madera se realizó de la forma más irracional, las consecuencias de la más intensa tala son irreversibles en los bosques de la región de Petatlán.

RODOLFO MONTIEL parece haber guardado durante años la acusación que lanza ahora desde su hotel en la ciudad de San José; señala a quien considera uno de los personajes responsables de la represión desatada en contra de los campesinos ecologistas de Petatlán: "Sin siquiera conocernos, sin haber estado nunca en la sierra, sin ninguna base, la señora Julia Carabias mandó una carta al secretario del Medio Ambiente del gobierno del estado a Chilpancingo, diciéndole que no nos ponga cuidado, que éramos grupos armados buscando cómo desmilitarizar la sierra. Fue entonces que empezó la persecución en contra de nosotros, tanto del gobierno federal con los militares como de todas las corporaciones del gobierno estatal. También de los caciques, quienes empezaron a matar compañeros".

Las notas de prensa del expediente, un fólder en cuya tapa hace años escribí con grueso plumón rojo "Campesinos ecologistas", me parecen viejas fotos de un álbum de recuerdos; se trata de fotocopias subrayadas, con anotaciones por aquí y por allá, textos de valientes colegas como Maribel Gutiérrez, quien ha realizado la más informada y profunda crónica de las injusticias sufridas en los lugares más apartados del estado de Guerrero, como Banco Nuevo, el poblado donde por entonces residía el cacique Bernardino Bautista, un lugar tomado por el Ejército después de las denuncias del cacique en contra de los campesinos ecologistas, acusándolos de pertenecer a un grupo guerrillero, los encapuchados del EPR o del ERPI.

El 8 de agosto de 1998 se publicó en el diario *El Sur* una nota de Maribel Gutiérrez que no tiene desperdicio. Gracias al valor y a la información de la colega, puede imaginarse un poblado sumido en el abandono, donde sólo quedan algunas familias que se ocultan en sus casas ante la presencia de los soldados que, dice la gente, han venido a proteger al cacique y capturar a los guerrilleros.

Bernardino, *Nino,* Bautista, quien se decía ganadero, dijo ser víctima de una agresión. Quince encapuchados los atacaron con AK-47. Al repeler el ataque, *Nino,* quien todos sabían que contaba con un grupo de pistoleros a su servicio, mató a dos presuntos guerrilleros. Uno de ellos, un hombre joven desconocido, cuyo cuerpo se dijo que una mujer no identificada lo llevó al Filo Mayor, en lo alto de la sierra, para darle sepultura.

El otro, Romualdo Gómez García, de apenas 17 años, pertenecía a la Organización de Campesinos Ecologistas.

Los hechos ocurrieron el 10 de julio de 1998; al día siguiente llegó la tropa. En el poblado de Banco Nuevo y en las demás comunidades de la región, los soldados preguntaban por los guerrilleros; según los testimonios recabados por Maribel Gutiérrez, amenazaban con colgar de los árboles a quien se negara a decir dónde podían encontrarlos.

La gente de Banco Nuevo huyó, abandonando sus casas y pocas pertenencias, hasta los animales, como las gallinas y los cerdos, de los que todavía quedaban algunos, enflaquecidos y muertos de hambre, cuando Maribel Gutiérrez llegó al caserío.

Los militares resguardaban la casa de *Nino* Bautista, el rico del pueblo, un hombre cuya fortuna proviene por lo menos en parte de la tala de los bosques, inmoderada, clandestina, a decir de mucha gente en la comunidad. Pero los nexos del poderoso cacique eran muchos; además de su sociedad con Boise Cascade, mantenía las mejores relaciones con integrantes del Ejército mexicano.

"Según denuncias de habitantes del pueblo, Bautista tiene buenas relaciones y es compadre del general Pedro Mota, actualmente en funciones en el Campo Militar número 1, con quien tiene pactos desde que ocupaba un cargo en el 19 Batallón de Infantería de Petatlán", escribió Maribel Gutiérrez.

HAN PASADO ya más de 10 años, pero no cesa la sensación de que la muerte ronda por ahí. Horas antes de afrontar los avatares de una corte, el lugar donde habría de ventilarse su caso, la violación de su derecho a la justicia, donde habría de recordarse cómo fue torturado junto con Teodoro Cabrera, Rodolfo Montiel recuerda a los caídos cuando se dio la lucha de los campesinos ecologistas: "Mataron a Aniceto; luego mataron a Elena Barajas; en seguida mataron a Armando Gómez García, y bueno, se fueron matando y matando. Cuando nos detuvieron a nosotros, mataron a Salomé Sánchez Ortiz. Después mataron a los hijos de Albertano. Luego mataron a la licenciada Digna Ochoa, en cuyo asesinato, no me cabe ninguna duda, participaron militares".

Digna Ochoa, quien trabajó en el área jurídica del Centro de Derechos Miguel Agustín Pro, murió entre la una y las tres de la tarde del 19 de octubre de 2001. Poco se sabe sobre lo que ocurrió en el despacho A de la calle Zacatecas 31, en la colonia Roma de la ciudad de México. La escena del crimen se presentó de lo más confusa, con harina esparcida por todas partes, posiblemente con el fin de borrar cualquier huella. El cuerpo se encontraba de rodillas sobre un sillón, con guantes de látex colocados sobre las manos...

Días antes de morir, Digna Ochoa estuvo en Guerrero, en la sierra de Petatlán. Escuchó denuncias de los campesinos sobre la tala clandestina, y sobre la siembra y el tráfico de enervantes. Después de su muerte, integrantes de la Organización de Campesinos Ecologistas de la Sierra de Petatlán y Coyuca de Catalán denunciaron en la ciudad de México el acoso militar que por entonces sufrían de manera intensa.

"Estábamos por ahí en el monte", señaló Enrique Becerra durante una conferencia de prensa, "cuando llegaron los soldados. Un teniente me preguntó mi nombre. Después me preguntó quiénes eran esas personas, quiénes venían con la abogada; por eso creemos que a lo mejor hay algo, pues, por ahí…"

Digna Ochoa sabía los nombres de los caciques y los involucrados en la tala clandestina, y en la siembra y el tráfico de drogas. Nombres incluidos en el informe que junto con Harald Ihmig preparaba para First Information Action Network y la Comisión Interamericana de Derechos Humanos: Bernardino Bautista, Justino Cabrera, Sirenio Contreras, Rogaciano Alva y Faustino Rodríguez.

"Es cierto", agregó Becerra, integrante de la Organización de Campesinos Ecologistas, "que ese señor Faustino manipula a la gente del gobierno; tengo conocimiento de que le brindaron su apoyo desde un principio."

Víctor Brenes, quien compartió con Digna Ochoa intensas jornadas de trabajo en el área jurídica del Centro de Derechos Humanos Miguel Agustín Pro, conversó conmigo apenas dos días después de la muerte de la abogada.

"Este crimen no tiene nada que ver con la gente que defendimos", sostuvo, convencido. "Más bien, tiene que ver con la causa que nosotros defendimos y con la causa que actualmente seguimos defendiendo. Si quieres ver a quién le afecta lo que nosotros hacemos, me parece que la línea de investigación tiene que ir por ahí. Nuestras acciones no afectan a particulares, afectan a organismos de Estado."

EN LA MAÑANA del 2 de mayo de 1999, 43 soldados del 40 Batallón de Infantería irrumpieron en la comunidad de Pizotla, enclavada en la sierra de Ajuchitlán del Progreso. Iban en busca de Rodolfo Montiel. Los hechos fueron presentados como un enfrentamiento entre narcotraficantes y soldados por el entonces secretario general de Gobierno del estado de Guerrero, Florencio Salazar Adame; pero el comisario ejidal de Pizotla, Leonardo Perea Santoyo, dio a la prensa otra versión. Perea Santoyo informó de una agresión del Ejército mexicano perpetrada en contra de los habitantes de Pizotla.

El saldo que dejó la agresión de la que habló el comisario fue de un muerto: Salomé Sánchez Ortiz, y dos detenidos: Rodolfo Montiel Flores y Teodoro Cabrera García.

Leonardo Perea Santoyo denunció una situación latente de violencia en los pueblos de las sierras de Tecpán de Galeana y Ajuchitlán, sitiados por las tropas: Pizotla, Los Guajes de Ayala, El Monte, El Espíritu, El Salto, Puerto Grande, Tecpán de Galeana, Puerto Rico, El Pinito, La Lajita, El Balcón y Chilacayote.

En cuanto pudo, el comisario de Pizotla se trasladó a la ciudad de México para denunciar en la Comisión Nacional de Derechos Humanos lo ocurrido. En el manuscrito que había preparado, el mismo que leyó por teléfono a distintos representantes de la prensa, señalaba que tanto la persona fallecida como los dos detenidos eran integrantes de la Organización de Campesinos Ecologistas de la Sierra de Petatlán y Coyuca de Catalán. La gente de los pueblos de la sierra exigía la salida del Ejército, la libertad de los detenidos y una indemnización para la familia del campesino, que, afirmó, había sido asesinado.

A Rodolfo Montiel le cuesta trabajo hablar sobre lo acontecido cuando ocurrió su captura; los malos recuerdos de la tortura siguen ahí, siempre dolerá la vejación, el saberse sometido. Las secuelas del maltrato físico, los golpes en la espalda, los jalones en los testículos siguen dando molestias, pero lo peor es la tortura sicológica en cualquiera de sus crueles expresiones.

"A mí me arrastraron, me jalaron del pelo, me tumbaron en el piso. Después me jalaron de un brazo y me llevaron arrastrando hasta cerca del río. Ahí nos amarraron con las manos atrás, también nos amarraron de los pies. Nos tumbaron a la orilla del río, donde nos pegaba el sol de lleno sobre la cara."

En ocasiones, hay que reconocerlo, las palabras son insuficientes. Cuando se señala que, después de sufrir una detención arbitraria, Rodolfo Montiel y Teodoro Cabrera permanecieron 48 horas en el Puesto de Mando Militar, un campamento improvisado por el Ejército a las orillas del río en Pizotla, se dice poco en cuanto a lo sufrido por esos hombres tendidos de cara al sol durante horas, mientras el agua del río les empapaba la espalda. Tampoco se dice mucho cuando se habla de las 48 horas que permanecieron incomunicados en las instalaciones del 40 Batallón de Infantería, con sede en Ciudad Altamirano, hasta donde llegó el representante del Ministerio Público del fuero común, a pesar de tratarse de un delito federal, a tomarles declaración cuando había cesado la pesadilla de la tortura.

Qué se puede hacer cuando a uno lo golpean de manera reiterada en el estómago y la espalda, cuando sufre de espantosos jalones en los testículos. Cuando alguien se acerca por la espalda y le dice a uno que va dispararle en el cráneo.

El 6 de mayo, con sus declaraciones "listas", Rodolfo Montiel y Teodoro Cabrera fueron remitidos al Ministerio Público Federal con sede en Coyuca de Catalán, Guerrero.

TIEMPO DESPUÉS de su captura, cuando estaban a la mitad de un largo proceso que pudo prolongarse por años, estando ellos prisioneros en la temible cárcel de Iguala, llegué a ese penal con el ánimo de entrevistar a los campesinos ecologistas. El director del penal, ausente; el encargado de la vigilancia daba inútiles explicaciones, remitiéndome a los laberintos burocráticos. Una entrevista con Rodolfo Montiel y Teodoro Cabrera era, por lo menos, inconveniente.

Pero las restricciones que impidieron el paso de la grabadora del reportero no pudieron evitar que la entrevista se llevara a cabo.

En el expediente "Campesinos ecologistas" me encuentro con lo que escribí justo después de la conversación con Rodolfo y Teodoro. Escribí con la letra apresurada que me dictaba la preocupación de olvidar lo que me había dicho Rodolfo.

"Somos ecologistas porque defendemos el agua, la vida de

nuestra gente, la fauna silvestre, nuestra tierra. Nos detuvieron un domingo, como a las tres de la tarde. Nos amarraron de las manos y los pies y nos tiraron boca abajo.

"El lunes en la noche nos llevaron al monte y ahí nos torturaron. Los soldados me decían que dijera dónde estaban mis compañeros, que yo pertenecía al EPR y al EZLN. Yo negaba todo.

"De un helicóptero sacaron unas matas de marihuana y nos las pusieron a nosotros para tomarnos unas fotos. Esas fotos son las que aparecen en el expediente."

Los campesinos ecologistas sufrieron las consecuencias de mi visita. Pocas horas después de que me marché del penal de Iguala, Rodolfo Montiel y Teodoro Cabrera fueron segregados. La ley del silencio.

Años después, cuando lo entrevisto telefónicamente, pregunto a Rodolfo qué tan difícil fueron esos dos años que pasó en prisión, en la cárcel de Iguala, donde ambos eran señalados como reos peligrosos, no por sus posibles antecedentes como "criminales", sino por la fuerza mediática que cobró su caso después de que Amnistía Internacional los consideró presos de conciencia y distintas organizaciones ecologistas del mundo reconocieron su labor.

"Nosotros estábamos muy limitados", refiere Rodolfo. "Por ejemplo, no teníamos acceso a platicar con los demás internos. Recuerdo a Fermín Velásquez, uno de quienes más platicaban con nosotros; lo trasladaron a Acapulco. Una tarde estuvimos platicando con él y esa misma noche lo trasladaron. A los demás internos les prohibían hablar con nosotros;

también cuando iba nuestra defensa el director siempre ponía a algunos custodios para que estuvieran cerca, escuchando la conversación. Siempre nos estuvieron limitando de muchas cosas; cuando teníamos visita, no dejaban de vigilarnos.

"Recuerdo una vez que estaba esperando a mi esposa; entonces el director me mandó un papel con un número de teléfono escrito. Me mandó decir que me comunicara a ese número con mi familia. En ese momento pensé que algo le había pasado a mi esposa y por eso no llegaba; marqué el número y me contestó un hombre que dijo llamarse Gerardo. Me dijo que llamaba al Campo Militar número 1 en México. Realmente era una forma de hostigarnos."

El 28 de agosto del año 2000, Rodolfo Montiel y Teodoro Cabrera fueron sentenciados a seis años y ocho meses, y a 10 años de prisión, respectivamente. El proceso seguido en su contra estuvo plagado de irregularidades. La principal violación a sus derechos fue la denegación de la presunción de inocencia. Las declaraciones obtenidas bajo tortura fueron consideradas como prueba; nunca se indagó sobre este posible delito. Cuando finalmente se inició una averiguación previa, ésta se realizó en el fuero militar. Concluyó el 3 de noviembre del año 2000 con el ejercicio de no acción penal con las reservas de la ley.

El 26 de agosto de 1999, la abogada Digna Ochoa logró que se realizara un careo entre Rodolfo Montiel y Teodoro Cabrera con los soldados del 40 Batallón de Infantería que, según la recomendación 8/2000 de la CNDH, los habían torturado: Artemio Nazario y Calixto Rodríguez. Después de aquel careo, la posible investigación por tortura en contra de los militares terminó en la impunidad bajo la férula del Ministerio Público Militar.

Lo expuesto en uno de los boletines de prensa del Centro de Derechos Humanos Miguel Agustín Pro, divulgados en ese entonces, resulta por demás claro: "Los abogados de la defensa promovieron la investigación de los militares Artemio Nazario Carballo y Calixto Rodríguez Salmerón como responsables del delito de tortura en agravio de Rodolfo Montiel y Teodoro Cabrera; sin embargo, la Procuraduría General de la República se declaró incompetente por estar inmiscuidos militares y turnó la averiguación al Ministerio Público Militar con sede en el 40 Batallón de Infantería de Ciudad Altamirano, en donde lógicamente el Ejército es juez y parte…"

En el año 2001, el gobierno de Vicente Fox se vio obligado a ceder ante la presión internacional suscitada por el caso de los campesinos ecologistas. Rodolfo Montiel y Teodoro Cabrera fueron liberados por "razones humanitarias", lo que no fue suficiente en términos de justicia.

Rodolfo no duda en responderme qué espera como resultado de que su caso haya sido llevado a la Corte Interamericana de Derechos Humanos: "Espero que por fin seamos declarados inocentes".

Ubalda Cortés y Ventura López, esposas de Rodolfo Montiel y Teodoro Cabrera, junto con Greenpeace, Sierra Club, el Centro por la Justicia y el Derecho Internacional y el Centro de Derechos Humanos Miguel Agustín Pro, presentaron el caso de los campesinos ecologistas en el Sistema Interamericano de Derechos Humanos.

El caso prosperó, la Comisión Interamericana de Derechos Humanos reclamó las medidas necesarias para reparar el daño y hacer justicia. Como tal reclamo no fue escuchado, el caso llegó a la siguiente instancia en el sistema interamericano de justicia: la Corte Interamericana de Derechos Humanos, cuyas sentencias son vinculantes.

El Centro de Derechos Humanos Miguel Agustín Pro dio seguimiento al caso de los campesinos ecologistas a lo largo de todos estos años. Luis Arriaga, su actual director, insiste en que lo medular en éste y otros casos en que integrantes del Ejército mexicano violan derechos humanos es resultado de la falta de revisión por parte de instancias civiles a su actuación en labores de seguridad pública.

—Existen recomendaciones internacionales, una serie de compromisos establecidos por México en términos del absurdo que significa el fuero militar, el que los abusos de militares sean juzgados en su propio ámbito. ¿Qué es lo que justifica esta realidad? —pregunto al entrevistarlo.

—Hay una serie de pactos y tratados internacionales que México ha suscrito, en los cuales se establece con toda claridad que el fuero militar no es garantía de independencia y de imparcialidad para juzgar casos de violaciones a los derechos humanos. El sistema interamericano ha expresado en su jurisprudencia que la jurisdicción militar tiene un carácter restrictivo y excepcional y que viola expresamente el artículo Octavo y Vigésimo Quinto de la Convención Americana de Derechos Humanos. Lo que lo sostiene precisamente es el artículo 57 del Código de Justicia Militar, que precisamente permite que estos mecanismos se sigan reproduciendo en México.

"El año pasado llegó un caso muy importante a la Suprema Corte de Justicia, en donde precisamente pedíamos que declarara anticonstitucional el artículo 57 del Código de Justicia Militar en relación al 13 de la Constitución, en un caso derivado de los hechos que se dieron en una comunidad de Sinaloa por una ejecución extrajudicial que fue perpetrada por militares a cuatro civiles que en aquel momento iban en un carro a una fiesta y al que los militares dispararon. Murieron estas cuatro personas. El caso llegó a la Suprema Corte de Justicia y los ministros no entraron al fondo del asunto argumentando *legitimización procesal,* pero el debate me parece que ha tomado dimensiones muy importantes; organizaciones internacionales como Human Rights Watch, como Amnistía Internacional, lo han venido señalando también en sus informes y creo que hay un conglomerado importante de organizaciones de la sociedad civil mexicana que estamos proponiendo que se reformen estas prácticas, sobre todo, ya que lo que nos interesa a nosotros es precisamente las víctimas, quienes no tiene acceso a un tribunal independiente e imparcial, que lo podemos constatar en casos muy concretos como el que mencioné, lo mismo que en el caso de Rodolfo Montiel y Teodoro Cabrera, campesinos ecologistas que se opusieron a la tala que se estaba efectuando en la sierra de Petatlán en Guerrero, a finales de los años 90."

—¿Cuál es el saldo, en términos de los derechos humanos, de la presencia del Ejército en labores de seguridad pública?

—La injerencia militar en tareas de seguridad pública ha llevado riesgos significativos, sobre todo en estos años de la administración del presidente Felipe Calderón. Nosotros hemos constatado, a partir de casos que hemos estado registrando y a partir de las quejas que se reciben y las recomendaciones emitidas por la CNDH, un incremento significativo en estas violaciones de derechos humanos cometidas por militares en agravio a civiles. Lo importante aquí es expresar que no existen controles civiles efectivos sobre esta institución. Nos parece importante, desde una perspectiva de derechos humanos, el que existan mecanismos de rendición de cuentas, de transparencia y sobre todo mecanismos de control civil sobre el Ejército. Una cuestión muy concreta es la limitación de la jurisdicción militar para casos estrictamente relacionados con la disciplina militar; me explico: ¿qué pasa cuando un civil sufre una violación o una presunta violación a los derechos humanos por parte de un militar? El caso invariablemente desemboca en la llamada jurisdicción militar, que permite precisamente extender esta jurisdicción para delitos cometidos por militares y entonces tenemos a una instancia que permite que los militares se juzguen a sí mismos. Por lo tanto, se deja a las víctimas prácticamente en un estado de indefensión, porque no tienen un acceso a un tribunal independiente e imparcial.

"Ésta es una de las cuestiones que me parece está muy presente en el debate actual sobre esta injerencia militar en tareas de seguridad pública. Otro factor es la lógica con la que operan, el enfoque bélico, una perspectiva de guerra, y esto ha estado señalándose últimamente y se ha reforzado este discurso de combate al enemigo con muy poca perspectiva autocrítica por parte del Estado mexicano. Me parece que tendría que reorientarse esta estrategia, sobre todo en la línea de concebir la seguridad como un derecho humano, como un derecho a vivir libre del temor, de la discriminación, en el pleno ejercicio de los derechos humanos."

III. Inés Fernández Ortega y Valentina Rosendo Cantú

CUANDO LA CONOCÍ en Ayutla de los Libres, habían pasado sólo unas cuantas semanas desde que Valentina Rosendo Cantú padeció el abuso extremo de ser violada por un par de soldados. Valentina tenía entonces 17 años, pero aparentaba mucho menos, con su rostro aniñado y la triste mirada de quien relata una tragedia. Al final de nuestra charla, cuando nos despedimos, insistió en su reclamo de justicia, su exigencia de que el crimen no quedara impune, un crimen que de alguna manera representa la condición de los indígenas de Guerrero, su pobreza, la constante amenaza de la violencia sufrida durante años en el contexto de la militarización del estado, las condiciones de exclusión en la que muchos sobreviven en las apartadas comunidades indígenas.

Inés Fernández Ortega, también indígena Me'phaa (tlapaneca), fue violada en el mismo contexto de latente violencia en distintas regiones de Guerrero, cuando la militarización se recrudeció luego de la irrupción en 1996 del Ejército Popular Revolucionario (EPR). Habían pasado dos años desde el levantamiento zapatista del primero de enero de 1994 y el Ejército tomaba posiciones en las llamadas Bases de Operación Mixtas, creadas en 1998 y extendidas por Chiapas y Guerrero, bajo el amparo de hacer cumplir la Ley Federal de Armas de Fuego y Explosivos, además de erradicar cultivos de marihuana y amapola.

Inés es una mujer de convicciones, ha trabajado en la defensa de los suyos desde hace años y es integrante de la Organización del Pueblo Indígena Me'phaa.

El 8 de marzo de 2010, precisamente cuando se conmemora el Día de la Mujer, Inés levantó la voz para decir: "Desde 2002 yo me estaba organizando con un grupo de mujeres de mi comunidad para que hubiera educación, médicos para que cuiden a las mujeres y los niños. El gobierno no me dejó participar, vieron que me estaba organizando y en lugar de apoyo llegaron los militares a hacernos daño […]. Yo lo he denunciado, los militares siguen subiendo a las comunidades, no los quiero ver, me duele hablar de lo que me pasó. A mí me destruyeron mi vida, mi casa, a mi esposo y a mis hijos. Cuando andan los militares ahí, tengo mucho miedo".

La organización de los indígenas y campesinos representa para las cúpulas del poder económico y político en Guerrero un peligro, el posible inicio de un incendio cuya inminencia hay que sofocar. De ahí la imposición de la fuerza, el control establecido por la militarización desde hace décadas en el estado, el cual registra la mitad de los desaparecidos en la llamada *guerra sucia* de la década de los años 70.

El viernes primero de octubre de 2010, ocho años después de que Inés y Valentina sufrieron el ultraje a manos de integrantes del Ejército, luego de recorrer un espinoso camino en pos de la justicia, la Corte Interamericana de Derechos Humanos dicto sentencia a su favor.

El máximo tribunal en derechos humanos a nivel latinoamericano falló en contra del Estado mexicano por denegar la justicia a estas dos mujeres.

El tribunal demandó en su sentencia: la sanción para los responsables de los crímenes; la investigación de los hechos por la justicia civil y no por las instancias militares; la reparación de los daños; la seguridad de las víctimas y sus familias, y una disculpa pública.

Y, como ocurrió con las sentencias dictadas en los casos de Rosendo Radilla y de los campesinos ecologistas, Rodolfo Montiel y Teodoro Cabrera, también se subrayó la necesaria modificación del Código Militar para que los delitos cometidos por militares sean investigados y sancionados por la justicia civil.

Pero la respuesta de quienes no parecen dispuestos a ceder el control, a respetar sentencias dictadas en algún lugar lejano al del ejercicio de su fuerza y poder, no se hizo esperar...

Días después de dictada la sentencia, la Organización del Pueblo Indígena Me'phaa alertó sobre los patrullajes militares efectuados en las comunidades de Barranca Tecoani y Barranca Bejuco, de donde son originarias Inés y Valentina. Mediante un comunicado de prensa distribuido en Chilpancingo, la organización indígena negó que el gobierno de Guerrero hubiera acatado lo que le imponía la Corte Interamericana y denunció la estrategia seguida por las autoridades: "No para cumplir la sentencia, sino para regatear su ejecución".

La presencia de las tropas, sus patrullajes, resultan un claro mensaje para las organizaciones indígenas que desde hace años reivindican sus derechos y al hacerlo confrontan a estructuras económicas y políticas que parecen inamovibles, el caciquismo en el empobrecido estado de Guerrero.

Para la Organización del Pueblo Indígena Me'phaa, la presencia de tropas del Ejército en la región de las barrancas de Tecoani y Bejuco fue "un claro mensaje de intimidación".

16 DE FEBRERO DE 2002, Barranca Bejuco. Le preguntaron por los encapuchados, insistieron en saber dónde estaban. Valentina recuerda a los dos soldados que la atacaron; cuando conversamos aquella vez en Ayutla, los describió: "Uno es moreno, chaparro, el otro es medio güero, alto".

Esta mujer venció el miedo, se atrevió a denunciar la forma en que los militares la sometieron, el modo en que la intimidaron con sus rifles; cómo fue golpeada y luego sometida a un acto brutal que bien puede ser considerado tortura si se toma en cuenta que se buscaba imponer el miedo, vulnerar a una comunidad entera, demostrar el poder de las armas.

Por ese entonces, su hija Yenis tenía tres meses de nacida. Valentina nació en la comunidad de Caxitepec, se casó con

Fidel Bernardino Sierra, originario de Barranca Bejuco, donde ambos vivían. Aquel día se fue a lavar al arroyo y la niña se quedó en la casa de sus suegros con su cuñada, quien la cuidaba.

Los vio venir por el camino a Caxitepec. Eran ocho soldados. Con ellos venía un hombre a quien traían amarrado, un prisionero cuyo destino nadie supo. Los dos soldados, el chaparro moreno y el alto güero, se acercaron a ella mientras los otros la rodearon en silencio. Comenzó el interrogatorio.

"Uno de ellos se paró frente a mí y el otro detrás, a mis espaldas. Me preguntaron dónde estaban los encapuchados. Les dije que no los conocía, que no sabía quiénes eran. El de enfrente me apuntó con su arma, era el que hablaba; me preguntó que si no era de Barranca Bejuco. Le dije que era de Caxitepec. El otro soldado me enseñó la foto de un señor, me preguntó si lo conocía, le dije que no. Entonces me enseñó un papel con la lista de 11 personas, me preguntó por ellos. Sentí temor de que les pudieran hacer algo, en esa lista estaba el nombre de mi esposo Fidel Bernardino Sierra, también de algunos de sus familiares, entre ellos Ezequiel Sierra, el delegado municipal. Les dije que tampoco los conocía."

Entonces la atacaron. Un golpe con el arma, con la culata, en el estómago, que ella recuerda que la derribó sobre unas piedras. Cuando quiso levantarse, uno de los soldados la tomó de los cabellos con fuerza y le gritó:

—Cómo es que no sabes… Qué, ¿no eres de Barranca Bejuco?

Los soldados sabían lo que buscaban, algún superior había

dado instrucciones para justificar su presencia, para llevar a cabo más allá de la búsqueda de posibles guerrilleros, la estrategia de imponer el miedo. Valentina recordó las amenazas de los soldados:

—Si no nos dices dónde están, vamos a matarte a ti y a toda la gente de Barranca Bejuco.

Uno de los soldados volvió a golpearla, esta vez en el rostro, no pudo ver si fue con el arma o con el puño. Valentina da cuenta del abuso de una forma por demás discreta. Dice con dolor contenido: "Luego se hicieron de mí".

22 DE MARZO DE 2002, Barranca Tecuani. Los militares la amenazaban con sus armas, su vida no parecía importarles, ni la de sus tres hijos, de siete, cinco y tres años de edad, quienes también estaban en la casa, en el cuarto próximo a la cocina, donde entraron tres de los 11 soldados que habían llegado a su casa. Uno de ellos la sujetó de las manos y le ordenó tirarse en el piso. Le preguntaban a dónde había ido a robar carne su esposo. Su esposo era Fortunato Prisciliano Sierra, quien por años había trabajado por los suyos, defendiendo a la comunidad, con trabajo político y de defensa de los derechos violados a los indígenas. Desde 1999, Fortunato pertenecía a la Organización Independiente de Pueblos Mixtecos y Tlapanecos (OIPMT), de donde surgiría después la Organización del Pueblo Indígena Me'phaa. Inés también pertenece a la organización; desde hace años lo suyo es acompañar y asistir a las mujeres cuando denuncian la violencia in-

trafamiliar de la que son víctimas. Una labor en la que encontró reconocimiento como promotora de los derechos de su comunidad.

Los 11 militares que aquella tarde arribaron a su casa cerca de las tres de la tarde sabían bien lo que buscaban. En el patio se oreaba la carne de la res que Fortunato había sacrificado luego de que el animal cayó en un barranco. Mencionaron a Fortunato, lo acusaban de haber robado la carne.

—¿Dónde la fue a robar tu marido? —le preguntaron. Con las armas por delante insistieron—: ¿Dónde fue? ¿Dónde está?

Por ese entonces, el español de Inés era de lo más precario, no entendía cabalmente lo dicho por los soldados, por ello no contestó. Fue entonces cuando el militar la sujetó de las manos y la obligó a tirarse en el piso. Inés oía el llanto desesperado de sus hijos, cuando sintió a ese hombre sobre ella; trató de resistirse, pero era imposible. Los otros militares seguían empuñando sus armas.

"El caso de Inés Fernández Ortega muestra las consecuencias que en los derechos humanos, particularmente de las mujeres, genera la militarización de los territorios indígenas. El caso es representativo de la repercusión que conlleva el despliegue de los cuerpos castrenses en tareas que no les son propias, así como los efectos de una concepción belicista que encuentra en los esfuerzos de organización de los pueblos indígenas y campesinos potenciales focos de insurrección." La cita, que proviene del informe *La impunidad militar a juicio. Los casos de: Valentina Rosendo Cantú, Inés Fernández y los campesi-*

nos ecologistas, Rodolfo Montiel Flores y Teodoro Cabrera García (editado por las organizaciones civiles Centro de Derechos Humanos Miguel Agustín Pro, Tlachinollan y Cejil), ilustra de la mejor manera el contexto y el propósito del ataque perpetrado contra esta mujer indígena. La violación empleada como una forma de vulnerar a la comunidad, de demostrar la fuerza, ejercer el poder y sembrar el miedo. Una acción con las más turbios propósitos en la que se victimiza a una mujer y con ella a una organización entera.

Las violaciones sufridas por Valentina Rosendo Cantú e Inés Fernández Ortega siguieron un mismo patrón: el ataque a mujeres vinculadas a organizaciones indígenas, el mensaje del temor, la advertencia de que los militares pueden someter y vejar, que son dueños de la ley y actúan con toda impunidad.

A Valentina le preguntaron una y otra vez por los encapuchados; después le enseñaron la lista de nombres de personas pertenecientes a las organizaciones indígenas. A Inés le preguntaron por su esposo, Fortunato, conocido por su trabajo en la Organización del Pueblo Indígena Me'phaa, acusándolo de un supuesto robo. La misma Inés, lo sabía cualquiera de los posibles informantes del Ejército, trabajaba en la organización; era una promotora de los derechos de las mujeres en el singular contexto de las comunidades indígenas.

En ambos casos existe información oficial sobre los desplazamientos de efectivos del Ejército mexicano por las regiones en que se cometieron los abusos.

El 16 de febrero de 2002, cuando ocurrió la violación de

Valentina Rosendo, "El 41 Batallón de Infantería del Ejército mexicano se encontraba realizando actividades en dos bases de operaciones cercanas a la comunidad de Barranca Bejuco, llamadas 'Ríos' y 'Figueroa'. La base de operaciones 'Ríos' se encontraba en las inmediaciones de la comunidad de Mexcaltepec, la cual se encuentra a una hora de la comunidad de Barranca Bejuco, en la que vivía Valentina", se señala en el mencionado informe con base en radiogramas de la propia Secretaría de la Defensa Nacional (Sedena) incluidos en el expediente penal del caso.

Lo mismo ocurrió el 22 de marzo de 2002, cuando se suscitó el ataque a Inés. En el mencionado informe se señala: "El día de los hechos, el 41 Batallón del Ejército mexicano se encontraba en la Base de Operaciones 'Méndez', ubicada ese día en las inmediaciones de Yerba Santa-Barranca Tecuani. Ese día, según su propia información, una parte del pelotón había salido de la base para realizar actividades relacionadas con el combate a la delincuencia organizada y el narcotráfico en las inmediaciones de Barranca Tecuani, en aplicación de la Ley Federal de Armas de Fuego y Explosivos y la lucha permanente en contra del narcotráfico".

LO QUE OCURRIÓ después con Valentina pone de manifiesto la condición de las mujeres indígenas, la discriminación de que son víctimas, la exclusión en la que les son negados los derechos más elementales, como el derecho a la salud.

Después del ataque, el dolor en el vientre no le cesaba; el

golpe del arma del soldado había dejado su marca. Lo peor fue cuando la víctima orinó. Sangre. El drama de no saber cuáles podrían ser las consecuencias de la violación. Imposible olvidar que por entonces Valentina tenía 17 años.

A ciertas heridas el tiempo las ensancha, las hace más grandes y profundas. No hubo remedio, había que ir al médico, sólo que el médico más cercano despachaba en el centro de salud de Caxitepec. Valentina se echó a su hija a la espalda y, junto con su esposo, Fidel Bernardino, emprendió el camino por la brecha. Después de la caminata de una hora, por fin llegaron. Valentina le dijo al doctor cuán mal se sentía; le contó lo del fuerte dolor en el vientre, luego del sangrado que sufrió al orinar. Cuando le contó que los militares la atacaron, la violaron, el médico se rehusó a atenderla… todos saben de la fuerza de los militares, de lo que son capaces de hacer. El hombre de la bata blanca confesó que no quería tener problemas con los militares. Tal vez para sentirse mejor y tranquilizar su propia conciencia, argumentó que además no tenía el equipo necesario para revisar y tratar a la paciente. Resolvió el problema con unas pastillas para el dolor y la recomendación de que fuera al hospital del poblado de Ayutla de los Libres, donde podrían atenderla.

A Valentina no lo quedó más remedio que caminar de regreso a su casa en Barranca Bejuco, donde se conformó con esperar durante algunos días a que el dolor en el vientre cesara y el sangrado no se repitiera. No obstante, pasaron nueve días y el dolor seguía. Así que decidió denunciar a los militares sin importarle las posibles consecuencias; el reclamo de justicia que anidó en ella, esa misma fuerza que años después la animaría a rendir su testimonio en la Corte Interamericana de Derechos Humanos, le dio fuerzas para caminar junto con su esposo Fidel y su hija a cuestas durante ocho horas hasta llegar al Hospital General de Ayutla de los Libres.

Cuando denunció lo ocurrido, se negaron a atenderla; el pretexto elegido por un burócrata atemorizado fue que Valentina no tenía cita. La familia salió del hospital a continuar su peregrinaje. Buscaron dónde dormir y al día siguiente regresarían al hospital; con el apoyo de la Organización Independiente de Pueblos Mixtecos y Tlapanecos (OIPMT), Valentina presentó una queja ante la Comisión Nacional de Derechos Humanos.

Al final, en el Hospital de Ayutla de los Libres, un par de médicos la recibieron: una le hizo una revisión parcial y en el expediente asentó traumatismo en el abdomen, y otro, un médico general, apenas la miró. La denegación del derecho a la salud.

INÉS LLORABA. Estaba sola. Sus hijos, unos niños apenas, corrieron a la casa de su abuelo paterno a contarle lo que había ocurrido. Su esposo, Fortunato, la encontró postrada. Era urgente denunciar a los militares, exigir justicia. Fortunato salió en busca de Simón Maurillo Morales, comisario ejidal, la autoridad en Barranca Tecuani.

Lo que el comisario respondió a Fortunato ilustra los alcances de la militarización, su efecto en las comunidades indígenas. Palabras más, palabras menos, Simón Maurillo dijo a Fortunato que cómo podía denunciar a los militares, si ellos eran la ley. Ante la exigencia de ir al campamento con el propósito de que la violación no quedara impune, el comisario de Barranca Tecuani pretextó:

—¿Cómo vamos a ir allá, si ellos cargan armas?

Fortunato no se conformó con los temores del comisario. Apenas amaneció al día siguiente, echó a andar por la brecha para llegar, al cabo de siete horas, a Ayutla de los Libres, donde fue a buscar a Obtilia Eugenio Manuel, secretaria de la Organización del Pueblo Indígena Me'phaa. Obtilia llamó a la Comisión de la Defensa de los Derechos Humanos de Guerrero. La respuesta fue inmediata. El visitador Hipólito Lugo llegó a Ayutla en cuanto pudo. Esa misma tarde viajaron a Barranca Tecuani. Encontraron a Inés con los efectos de lo vivido; se sentía enferma, lloraba y apenas quería moverse de la cama donde se encontraba postrada.

Al día siguiente se presentó la denuncia de los hechos en el Ministerio Público del Fuero Común en Ayutla. Hubo que vencer la resistencia y los temores del agente encargado, quien se rehusó a interponer la denuncia cuando se enteró de que en los hechos había militares involucrados.

El agente del Ministerio Público solicitó una exploración ginecológica, a la que Inés se negó cuando supo que quien iba aplicarla era un hombre. En el testimonio rendido ante la Corte Interamericana, Inés recordó lo dicho por ese médico:

—Si no fueron mujeres las que te violaron, fueron hombres. Por qué no dejas que yo te revise.

Se trataba sólo de una mujer indígena.

La opción fue ir al Hospital General de Ayutla de los Libres, donde tampoco hubo un solo médico de sexo femenino dispuesto a revisar a una mujer que decía haber sido violada por militares. No fue sino hasta el día siguiente cuando por fin una médico escribió una apresurada nota y tomó unas muestras. Esas muestras, que indicaban la presencia de líquido seminal, no se remitieron al Ministerio Público y terminaron por desaparecer, de seguro porque fueron destruidas.

En el referido informe preparado por el Centro de Derechos Humanos Miguel Agustín Pro y otras organizaciones se señala: "A pesar de las acciones emprendidas por la víctima y sus representantes para documentar la violación sexual, nunca se emitió un dictamen ginecológico derivado de la revisión hecha a Inés tres días después de haber sido violada sexualmente por los militares".

LAS INTIMIDACIONES, que hasta ahora no han cesado, empezaron días después de que Valentina Rosendo Cantú formulara una queja en la Comisión Nacional de Derechos Humanos. El 7 de marzo de 2002, un grupo de militares arribó al paraje Encino Amarillo, donde Valentina vivía con sus suegros. Preguntaron por ella, le exigieron que declarara lo que había ocurrido. Buscaban intimidarla.

Fue un día después, el 8 de marzo, cuando personal de la Comisión de Defensa de los Derechos Humanos de Guerrero documentó el testimonio de Valentina. Todavía eran evidentes las lesiones que presentaba, como las escoriaciones en la parte inferior del párpado derecho y dificultades al caminar por el golpe propinado en el vientre.

La primera estación en el laberinto de la justicia en México fue en el Ministerio Público de Ayutla. El agente se negó a recibir la denuncia argumentando que existe una mesa especial para atender delitos sexuales. La agente del Ministerio Público encargada no estaba en su lugar; cuando por fin apareció, al enterarse del contenido de la denuncia se negó a interponerla; no encontró mejor argumento que decir que su turno había terminado a las 15:00 horas. Sin embargo, gracias a la presión del personal de la Comisión de Defensa de los Derechos Humanos en Guerrero que acompañaba a Valentina se abrió la averiguación previa correspondiente.

La revisión médica obligada en estos casos no pudo realizarse. La razón: el médico no se encontraba en ese momento.

Para entonces, en el 41 Batallón de Infantería alguien estaba preocupado. Días después de la denuncia de Valentina al Ministerio Público, los militares volvieron al paraje Encino Amarillo. Eran 30 soldados. Quien parecía estar a cargo del contingente pidió a Valentina salir de su casa; iba a formar a los soldados para que identificara a sus agresores. Ella temió por su vida y la de los suyos. En Barranca Bejuco la gente temía las posibles represalias de que una mujer se hubiera atrevido a denunciar a los militares.

Los casos de Inés y Valentina no fueron los únicos ocurridos en aquellos años. La misma Valentina me dijo cuando nos encontramos en Ayutla: "Esto le ha pasado a otras mujeres, no lo dicen, o denuncian, por miedo. Como los soldados tienen armas, pues ellas no dicen nada".

Alguien decidió que la posible investigación fuera clausurada. Más allá de negar los hechos, y de que los mandos militares insistieran con declaraciones realizadas a la prensa en desmentir a Valentina, argumentando que lo que se buscaba era desprestigiar al Ejército para que abandonara su tarea de erradicar cultivos de droga en la sierra, había que darle "carpetazo" al asunto. Y se encontró la mejor manera de hacerlo…

El 16 de mayo de 2002, el titular del Ministerio Público especializado en delitos sexuales y violencia intrafamiliar declinó el caso a favor del fuero militar. "Las diligencias que la integran en donde resulta como agraviada Valentina Rosendo Cantú por el delito de violación, cometido en su agravio y en contra de elementos del Ejército mexicano, quienes se encontraban activos en el momento en que ocurrieron los hechos y presentaban su servicio y toda vez que no es nuestra competencia […] por ser competencia del Fuero Castrense…"

LAS PAREDES de los laberintos procesales son porosas para quienes pueden inclinar la balanza de la justicia a su favor, e inexpugnables para aquellos que por su condición sufren los efectos del poder que acomete contra ellos por considerarlos indefensos, personas cuyo dolor no cuenta.

Inés Fernández Ortega, indígena y mujer, sufrió la denegación de la justicia.

El 17 de mayo de 2002, un par de meses después de haber sido violada por militares, Inés solicitó información sobre los posibles avances en la investigación de su caso. Fue entonces cuando se enteró de que el Ministerio Público Federal había acordado declinar su competencia a favor del fuero militar. Ella y sus abogados impugnaron la remisión del caso al fuero militar y se interpuso un amparo que sería declarado improcedente el 3 de septiembre del año 2002.

Los meses transcurrieron sin que la justicia asomara por algún resquicio. Incluso, el 17 de febrero de 2003 el Ministerio Público Militar propuso que se archivara el expediente. Al no conseguirlo, insistió el 30 de diciembre de 2004 bajo el argumento de que "No hubo infracción a la disciplina militar".

La decisión fue revocada, pero hubo un nuevo intento; en esta ocasión el Ministerio Público ordenó la investigación de los hechos a la Procuraduría General de Justicia del estado de Guerrero argumentando que el violador de Inés pudo haber sido un civil.

El 14 de agosto de 2009, siete años y cuatro meses después de los hechos, Inés Fernández compareció ante el Ministerio Público del fuero común para ampliar sus declaraciones. El 30 de octubre se levantó una pared más en el interminable laberinto de la justicia en México. La Fiscalía Especializada para la Investigación de Delitos Sexuales y Violencia Intrafamiliar del estado de Guerrero informó de la declinación de su competencia a favor de la Procuraduría General de Justicia Militar.

INÉS FERNÁNDEZ y Valentina Rosendo han padecido los efectos de llevar hasta las últimas consecuencias su reclamo de justicia. Las agresiones, la intimidación, han sido recurrentes. Inés sufrió el asesinato de su hermano, Lorenzo Fernández Ortega, cuyo cuerpo presentaba huellas de tortura. Se han dictado órdenes de aprehensión y detenido a integrantes de la Organización del Pueblo Indígena Me'phaa.

El 16 de enero de 2003, un par de docenas de soldados integrantes del 48 Batallón del Ejército mexicano llegaron al poblado de Barranca Tecuani. Cuatro de ellos se dirigieron a la casa de Inés Fernández y Fortunato Prisciliano. Buscaban que la denuncia por violación fuera retirada. Como no lo lograron, dos días después se instaló un campamento militar en las inmediaciones del poblado. Fueron 10 días de acoso a la comunidad.

La estrategia del acoso dio resultado en el caso de Valentina Rosendo Cantú. En Barranca Bejuco corrió el rumor de que si Valentina continuaba con su denuncia, si seguía señalando a los militares, los apoyos gubernamentales recibidos para la comunidad iban a cesar. Los militares le hicieron saber a la gente que iban a estar mucho tiempo ahí y que en cualquier momento incursionarían en la comunidad. Valentina fue estigmatizada, y terminó por marcharse de Barranca Bejuco con su hija.

La persecución continuó. El 17 de noviembre de 2009, Valentina denunció el hostigamiento de que era víctima. La siguieron durante varios días y la fotografiaron en sus distintas actividades. Las cosas llegaron a un extremo preocupante cuando, poco menos de un mes después, el 11 de diciembre de 2009, Yenis Bernardino Cantú, la hija de Valentina, una niña de entonces ocho años, sufrió un intento de secuestro al salir de la escuela primaria donde estudiaba.

Pese a todo, Inés y Valentina lograron que la justicia asomara por un pequeño resquicio en la confusa maraña en que parece atrapada. La Corte Interamericana de Derechos Humanos dictó una sentencia irrevocable, cuyo cumplimiento es obligatorio para el Estado mexicano.

La Corte Interamericana reconoció el valor de lo dicho por dos mujeres indígenas a quienes se les denegó la justicia.

La sentencia exige una investigación en ámbitos de la justicia civil, lo que alienta la posibilidad de que cese la impunidad en los casos de Inés y Valentina, casos que durante años permanecieron bajo control del fuero militar.

IV. La guerra del narco: estrategia decidida en el Pentágono

LA GUERRA en contra del narcotráfico emprendida por el gobierno de Felipe Calderón ha dejado un saldo de muertes y violencia, generando un clima de terror en buena parte del país. Pero la estrategia de la "guerra contra las drogas" proviene de más allá de nuestra frontera; data de 1986, cuando Ronald Reagan, presidente de Estados Unidos, advirtió que las drogas ilegales eran una amenaza para la seguridad nacional de su país. Como resultado de la definición de un nuevo frente de guerra, desde finales de la década de los años 80 ha ido en aumento la ayuda militar y de logística que el gobierno de Estados Unidos proporciona a México para librar esta guerra.

La intervención de las Fuerzas Armadas en instancias relacionadas con la toma de decisiones para realizar operativos y acciones frente al narcotráfico se dio cuando en el gobierno de Carlos Salinas de Gortari se incluyó en el grupo coordinador ejecutivo del desaparecido Instituto Nacional para

Combatir a las Drogas (INCD) a representantes de las secretarías de Defensa y Marina.

Durante el gobierno de Ernesto Zedillo, la punta de lanza de la incorporación de militares en el frente de la lucha contra el narcotráfico fue el Plan Piloto Chihuahua. Este plan, instaurado durante el primer año del gobierno zedillista, estableció la política seguida hasta ahora al reemplazar a 120 policías judiciales asignados a la delegación de la PGR en Chihuahua por integrantes del Ejército mexicano.

El creciente número de integrantes del Ejército mexicano capacitados en Estados Unidos confirma la principal línea de la estrategia seguida en México y América Latina para hacer frente al narcotráfico: la militarización.

Vale citar el libro *Drogas y democracia en América Latina. El impacto de la política de Estados Unidos,* editado por la organización civil Washington Office on Latin America (Wola): "Entre 1981 y 1995, México envió un total de mil 488 efectivos a las academias militares estadounidenses. En 1997 y en 1998 se capacitó en Estados Unidos a más de mil integrantes del programa GAFE (Grupos Aeromóviles de Fuerzas Especiales), superando en dos años la cantidad de soldados que habían sido entrenados en los 15 años anteriores".

En el gobierno de Ernesto Zedillo se creó el Consejo Nacional de Seguridad Pública, lo que permitió la plena injerencia de las secretarías de Defensa y Marina en la toma de decisiones y la elaboración de políticas en materia de seguridad nacional, en las cuales por supuesto se incluyeron acciones contra el narcotráfico.

El gobierno de Vicente Fox no sólo mantuvo la política de incorporar a las Fuerzas Armadas en operativos antidrogas, sino que aumentó la presencia militar en labores policiales. Durante su gobierno, el general Rafael Macedo de la Concha fue procurador general de la República.

Al inicio de su gestión, Felipe Calderón intensificó la política de la "guerra contra las drogas"; la estrategia básica de las acciones libradas se constituyó en la búsqueda de la recuperación de territorios dominados por el crimen organizado, tanto urbanos como rurales, en un intento por desarticular a las organizaciones criminales, además de disminuir y evitar el creciente consumo de drogas. Una estrategia que incluye el despliegue de decenas de miles de soldados en los operativos conjuntos y la captura o la muerte de líderes de las organizaciones criminales, todo ello con efectos mediáticos y políticos. Una estrategia que ha dejado más de 34 mil muertes, saldo que sigue aumentando. Una estrategia que por sus consecuencias ha puesto en jaque la gobernabilidad de ciudades enteras, que ensombreció las elecciones del año 2010 y desencadenó actos de verdadero narcoterrorismo.

CUATRO AÑOS después de que Felipe Calderón declarara la guerra al narcotráfico, y de que a las pocas semanas de iniciado su gobierno apareciera con camisola y gorra militar en Michoacán al inicio de los llamados operativos conjuntos, la realidad se impone.

En el marco del llamado Foro por la Legalidad, celebrado a

instancias presidenciales, Guillermo Valdés, director del Centro de Investigación y Seguridad Nacional (Cisen), afirmó: "Hemos avanzado en el despliegue de fuerzas, en el entorpecimiento de la capacidad de operación del crimen organizado, como el proceso de recuperación y fortalecimiento de policías, pero en el objetivo de recuperar las condiciones de convivencia y regiones afectadas por la delincuencia no hemos logrado el propósito, tenemos una violencia creciente".

Aunque lo peor son las muertes, las más de 34 mil vidas truncadas en estos años, la violencia deteriora el tejido social de muchas ciudades, la zozobra determina modos de vida. La crisis de seguridad pública afecta a cientos de miles de mexicanos víctimas del crimen organizado, quienes saben que pueden ser lo mismo objeto de extorsión que sufrir un narcobloqueo, ser secuestrados o morir en un enfrentamiento confundidos con sicarios. La afectación a los derechos humanos es recurrente y se suma a los daños colaterales de la guerra contra el narco.

Jorge Tello Peón, ex secretario ejecutivo del Consejo de Sistema Nacional de Seguridad Pública, en el artículo "La seguridad pública. Síntesis social", incluido en el *Atlas de la seguridad y la defensa de México 2009,* publicado por el colectivo de Análisis de la Seguridad de la Democracia, reconoció la dimensión del problema al escribir: "por primera vez en muchos años se ha perdido control territorial por parte de las estructuras institucionales y, lo que tal vez sea peor, se han perdido también estructuras históricas [...]; queda claro que si seguimos haciendo las cosas en formas y maneras que hasta ahora nos han dado resultados insuficientes, por más que invirtamos en ese camino, no tendremos dividendos".

Perder el control territorial. De acuerdo con el investigador Edgardo Buscaglia, especialista en temas de narcotráfico y lo que se puede considerar violencia social, en el 63 por ciento de los municipios del país existe una estructura criminal capaz de controlar los negocios de la delincuencia organizada, el narcomenudeo, el cultivo y el tráfico de drogas, el secuestro y la extorsión. Una estructura criminal capaz de confrontar al Estado de derecho y los gobiernos locales.

Cuatro años después de haber iniciado la guerra del narco, los territorios donde el crimen organizado ha establecido formas de control, o donde se disputa plazas o rutas, lejos de ser recuperados se encuentran sometidos a la violencia. La principal razón de ello es que el crimen organizado opera bajo el resguardo de la corrupción, la cual se extiende a través de cercos de protección policiaca y política.

Otro de los saldos dejados por la estrategia de la guerra contra las drogas, generada más allá de nuestras fronteras, es la formación de verdaderos grupos paramilitares al servicio de los cárteles del narcotráfico. Los Zetas, que en su primera época fue el brazo armado del Cártel del Golfo, provenían de los Grupos Aeromóviles de Fuerzas Especiales, eran integrantes del Ejército mexicano entrenados en Estados Unidos.

En la década de los años 90, los Arellano Félix reclutaron pandilleros del barrio de la Logan en San Diego y de la M Mexicana para formar su propio grupo de protección y asalto.

En cuanto al *Chapo* Guzmán y el Cártel de Sinaloa, desertores del Ejército guatemalteco, veteranos kaibiles, ex maras, pudieron integrarse hace años a las filas de sus grupos de sicarios. Los pandilleros de Ciudad Juárez, vinculados tanto a los Aztecas como a sus grupos rivales, como los Artistas Asesinos, han sido reclutados para la guerra que desde hace años libran en la ciudad el Cártel de Juárez y el de Sinaloa. Hay información de que La Familia encuentra a quien quiera jalar el gatillo en los centros de rehabilitación para adictos. Además, los casos de ex policías o policías en activo que trabajan para distintas organizaciones del narcotráfico, convertidos en sicarios con placa, es una abrumadora realidad.

El creciente paramilitarismo es otro de los saldos dejados por la guerra del narco.

PARA MANTENER la estrategia de la guerra contra el narcotráfico hacen falta recursos. A la Secretaría de la Defensa Nacional, de acuerdo con información divulgada por diputados del PRI, se le asigna el 40 por ciento del presupuesto para seguridad de que dispone el gobierno federal. De un total estimado de 112 mil millones de pesos, el Ejército mexicano ejerce 43 mil 622 millones.

A lo largo del gobierno de Felipe Calderón, los recursos destinados para la Sedena se han incrementado en más de un 60 por ciento. Al inicio de la llamada guerra del narco, en el año 2006 el presupuesto de la Sedena era de 26 mil millones de pesos.

De acuerdo con información pública, 45 mil militares combaten al narcotráfico. La participación del Ejército en labores de seguridad pública, su acción en el frente de la guerra contra el narco, su intervención en operativos y la vigilancia en las ciudades del país han sido fuertemente cuestionadas. Las denuncias por violaciones a los derechos humanos por parte de militares se han multiplicado en la Comisión Nacional de Derechos Humanos.

El presidente de la CNDH, Raúl Plascencia Villanueva, entrevistado a propósito de este tema y otros más de la agenda de derechos humanos, afirmó: "Se han quintuplicado las quejas en los últimos cuatro años en contra de las Fuerzas Armadas, e inclusive se ha generado el mayor número de recomendaciones en la historia de esta institución, las que suman 30, sólo durante el año de 2009. Pero, más aún, el mayor número también en contra de cualquier otra autoridad en la historia de la Comisión Nacional de los Derechos Humanos".

LA PREGUNTA ES: ¿a quién ha beneficiado la guerra contra las drogas, emprendida en la década de los años 80 por distintos gobiernos de Estados Unidos más allá de sus fronteras, con repercusiones de esa estrategia en México? Sin duda, al crecimiento de la economía del narcotráfico, al gran negocio de los 25 mil millones de dólares anuales que sólo los narcotraficantes mexicanos perciben en el mercado de Estados Unidos. También ha beneficiado a quienes se enfrentan a los narcotraficantes, agencias como la DEA o el FBI, cuyos altos presupuestos están garantizados mientras esta guerra continúe. Otros beneficiarios son la industria del armamento y los traficantes de armas.

En este balance, quienes han sufrido los mayores perjuicios son países como México y Colombia, donde la violencia del narcotráfico ha significado a lo largo del tiempo pérdida de territorios frente al crimen organizado, ingobernabilidad y paramilitarismo.

A ello hay que sumarle la corrupción en detrimento de las débiles instituciones en países que aspiran a la democracia.

La guerra contra las drogas, establecida por George W. Bush en 1989 como una política de Estado, parece ceder terreno en el futuro próximo a la Estrategia Nacional de Control de Drogas 2010 que el presidente Barack Obama anunció hace algunas semanas.

Hoy, en el interior de Estados Unidos el consumo de drogas se reconoce como un problema social y de salud pública. Ese enfoque tiene como elemento fundamental la prevención.

Pero la estrategia al exterior es muy diferente en cuanto a sus planteamientos. Como ocurrió desde la época de Reagan, la droga se percibe en tiempos de Obama como una amenaza que ingresa a Estados Unidos. Una amenaza a la que hay que atacar: "Aplicar la estrategia contra los estupefacientes en la frontera sudoccidental [...] para contrarrestar la grave amenaza fronteriza de la droga [...]. Efectuar operaciones contra la droga de las fuerzas del orden público conjuntamente con nuestros aliados del exterior, con el fin de causar interrupciones muy importantes en el flujo de drogas, dinero y productos químicos […]. Intensificar la lucha internacional contra la droga, especialmente en las Américas".

La política de la guerra contra las drogas ha sido una estrategia que han mantenido los distintos gobiernos de Estados Unidos desde la década de los años 80. Una estrategia que, como hemos visto, en los últimos tres años en México derivó en acciones bélicas, con el cruento saldo de la extrema violencia que se sufre en el país.

En el Informe sobre la Estrategia Internacional de Control de Narcóticos elaborado por el Departamento de Estado norteamericano en el año 2003, se señala la principal línea de acción: "Cuanto más certero sea nuestro ataque a la fuente, mayor será la posibilidad de detener el flujo de narcóticos".

Hoy, más allá de los muertos, esta estrategia persiste.

Víctor Renuart, jefe del Comando Norte de Estados Unidos, el 18 de marzo de 2010 compareció en Washington ante el Comité de Fuerzas Armadas de la Cámara Baja. El general afirmó que la guerra contra el narcotráfico continuará por ocho o 10 años más. Señaló que existen planes de contingencia si la violencia traspasa la frontera sur de su país.

Renuart resumió la ideología que anima la guerra contra las drogas al decir, convencido: "necesitamos continuar demostrando a los mexicanos que somos parte de su equipo, que apoyamos sus esfuerzos y que continuaremos asistiéndolos, sea en equipo o capacitación, o en muchos casos permitir que aprendan las lecciones de nuestros esfuerzos integrados en otras partes del mundo […]; he estado trabajando muy agresivamente con los militares mexicanos y la policía federal para ayudarlos".

DESDE FINALES de la década de los años 70, la estrategia por parte de los distintos gobiernos de Estados Unidos para afrontar la amenaza de las drogas fuera de sus fronteras ha sido impulsar el uso de militares en labores de seguridad pública. Asesorías, entrenamiento, profundos nexos con "colaboradores" han determinado serias violaciones a los derechos humanos, una creciente dependencia en áreas estratégicas de seguridad pública y seguridad nacional en distintos países de América Latina, sobre todo en Colombia y México, los aliados más importantes en esta guerra planeada y desarrollada desde el Pentágono.

El costo para la incipiente democracia de nuestros países, el fortalecimiento de las Fuerzas Armadas como un actor político de peso, resulta en extremo peligroso. Lo más grave es que estas instancias de poder no están exentas de ser sometidas al poder fáctico de los grupos del crimen organizado mediante la corrupción. El general Obregón lo sabía muy bien: "No hay quien resista un cañonazo de 50 mil pesos", solía decir.

La Oficina en Washington para América Latina (Wola), presentó un informe sobre la política seguida por los gobiernos de Estados Unidos en cuanto a promover la participación de las Fuerzas Armadas en la guerra contra el narcotráfico.

"Desde las guerras de independencia, los militares de los

países de América Latina han jugado un rol preponderante en la política y la seguridad interna, lo que derivó en dictaduras y graves abusos contra los derechos humanos", se afirma en el informe de Wola.

George Whiters, uno de sus autores, puso el dedo en la llaga… En Estados Unidos resulta en absoluto ilegal lo que en nuestros países es cada vez más común: "Los ciudadanos estadounidenses no pueden siquiera imaginar ser arrestados, cateados e interrogados por las Fuerzas Armadas".

LA LISTA de destacados personajes del narcotráfico caídos y capturados en México es parte del botín de guerra. Reclamar la eficacia de acciones concertadas devela una estrategia seguida en los últimos años.

"Como resultado de una mayor coordinación y el compartir información entre los Estados Unidos y México, muchos de los narcotraficantes más peligrosos del mundo han sido capturados", dice un informe preparado en la Embajada de Estados Unidos en México sobre los resultados de la Iniciativa Mérida.

La "localización" de personajes como Arturo Beltrán Leyva, muerto en un enfrentamiento con la Armada el 16 de diciembre del año 2009 en la ciudad de Cuernavaca, Morelos, y de Antonio Cárdenas Guillén, quien murió en Tamaulipas, en noviembre del 2010, se alude en el mencionado informe como un éxito.

"Lo que estamos haciendo por parte de EU es trabajar

como hacemos con los socios más cercanos y no hay ningún país que está más cerca de nosotros que México…"

Un dato: de acuerdo con información procedente de la Sedena y la Secretaría Técnica del Gabinete de Seguridad Nacional, en el operativo que culminó con la muerte de Nacho Coronel, considerado uno de los más importantes líderes del Cártel de Sinaloa, intervinieron 200 militares apoyados por 200 helicópteros en una acción desarrollada en un exclusivo fraccionamiento de la ciudad de Guadalajara.

Resulta inevitable la alusión a Wikileaks. Los documentados filtrados a la prensa internacional revelan el carácter de la asistencia brindada a las Fuerzas Armadas de México.

El *Washington Post,* de acuerdo con la información proporcionada por Wikileaks, afirma que la asistencia por parte de Estados Unidos permitió a las unidades mexicanas llevar adelante operaciones rápidas de ataque en contra de los líderes de grupos del crimen organizado, similares a las realizadas por fuerzas de Estados Unidos contra líderes talibanes en Afganistán.

"Las unidades mexicanas pasan a la acción, a veces capturando y otras matando a sus blancos en tiroteos urbanos que pueden durar horas."

Wikileaks: cable 231890, fechado en octubre de 2009, documento generado por la Embajada de Estados Unidos en México: "El Secretario de la Defensa [Guillermo] Galván levantó la posibilidad de invocar al Artículo 29 de la Constitución para declarar un estado de excepción en ciertas áreas del país, lo que daría bases legales más sólidas al Ejército para desempeñar su papel en la lucha antinarcóticos. Nuestro análisis sugiere que los beneficios legales de invocar a un estado de excepción son inciertos y los costos políticos altos. Pero la posibilidad de una declaración de este tipo no se descarta en una fecha futura".

Más de Wikileaks: el cable 09MEXICO2882, del 5 de octubre de 2009, elaborado en Estados Unidos, da cuenta de una cena ofrecida por la PGR a autoridades norteamericanas.

Gerónimo Gutiérrez, por entonces subsecretario de Gobernación, reconoció: "Tenemos 18 meses y, si no producimos un éxito tangible que sea reconocido por el pueblo mexicano, será difícil sostener la confrontación en la próxima administración".

El redactor del mencionado cable destaca la inquietud de Gutiérrez frente a los avances del narco en la guerra: "Expresó una real preocupación de perder ciertas regiones. Esto está dañando la reputación internacional de México, golpeando la inversión extranjera y llevando a un sentido de impotencia al gobierno, dijo Gutiérrez".

La tarea era realizar una evaluación previa a la reunión del Grupo Bilateral de Trabajo de Defensa. Expertos de la Embajada de Estados Unidos analizaron el entorno político, de acuerdo con otro cable diplomático filtrado por Wikileaks: "El presidente Calderón ha entrado en los últimos tres años de su sexenio enfrentando un ambiente económico y político complicado [...]. De hecho, la incapacidad del gobierno de México para detener los crecientes números de homicidios relacionados con el narco en zonas como Ciudad Juárez y otras se ha convertido en una de las vulnerabilidades de la política de Calderón".

Todavía más del mismo cable: "En este contexto es absolutamente necesario que nosotros intensifiquemos nuestros esfuerzos para alentar la modernización de las Fuerzas Armadas mexicanas... Históricamente, la sospecha de Estados Unidos ha sido uno de los principales motores de una cultura burocrática militar que ha mantenido a la Secretaría de la Defensa Nacional cerrada para nosotros... Por primera vez y siguiendo con el ejemplo de la Secretaría de Marina, ha solicitado capacitación. Necesitamos capitalizar estas rendijas en la puerta".

El aire conspirativo es cortesía del redactor de este cable.

El temor de que narcotraficantes mexicanos incrementaran su poder de fuego con misiles llevó al Departamento de Estado norteamericano en el año 2009 a intentar persuadir a Rusia de no vender misiles antiaéreos a Venezuela.

Wikileaks filtró a la prensa el cable 09STATE4070: "Se le solicita al puesto [la Embajada de Estados Unidos en Moscú] aproximarse a los oficiales de Gobierno [de Rusia] apropiados para discutir el potencial de transferencia de sistemas de misiles Igla-S a Venezuela. Tememos que si estos sistemas sofisticados caen en las manos de las FARC, éstas pudieran posiblemente venderlos o intercambiarlos con las organizaciones de las drogas, incluyendo aquéllas de México, que activamente están adquiriendo armas poderosas y altamente sofisticadas..."

En la vida real, las tramas de intriga y espionaje cobran

vidas. Hasta enero del año 2009, de acuerdo con el cable 09MEXICO193 hecho público por Wikileaks, 10 funcionarios del gobierno de México, algunos de ellos presumiblemente vinculados a corporaciones policiacas, establecidos como enlaces con la DEA y 51 contactos del FBI fueron asesinados.

"Más de 60 de los mejores oficiales de la ley de México en los que habíamos puesto nuestra confianza y quienes habían colaborado en investigaciones sensibles y en muchos casos entrenado y examinado han sido asesinados por los cárteles", dice el cable clasificado como secreto.

PARA ENTENDER la dimensión de la llamada Iniciativa Mérida, de alguna manera un eufemismo de lo que bien pudo nombrarse Plan México, correspondiendo al Plan Colombia, hay que recordar lo dicho por Thomas Shannon cuando fue secretario asistente de Estado para el Hemisferio Occidental del gobierno de Estados Unidos: "Ahora [México] tiene un gobierno enfocado en combatir el crimen, opuesto a unos que administraban el crimen; ése es el tipo de gobierno con el cual necesitamos trabajar".

La estrategia definida por el propio Shannon como vocero del gobierno de Estados Unidos ("Estamos creando una forma o modo de cooperación y diálogo con México y Centroamérica que podrían pagar grandes dividendos en el futuro") corresponde a la implementada por Estados Unidos desde la década de los años 80, cuando el entonces presidente

Ronald Reagan afirmó —como se dijo anteriormente— que las drogas ilegales representaban una amenaza para la seguridad nacional de su país.

Así que desde entonces la guerra contra las drogas no ha cesado para el gobierno de Estados Unidos. Se mantiene como una estrategia continental vinculada a su seguridad nacional.

El ex presidente George Bush, al justificar la necesidad de solicitar al Congreso de Estados Unidos los mil 400 millones de dólares necesarios para el equipamiento, la asesoría y el entrenamiento necesarios para la Iniciativa Mérida, señaló: "En este momento el crimen organizado representa una amenaza real a la estabilidad y bienestar de Estados democráticos de México y América Central".

Una amenaza próxima a su frontera.

La petición de Bush al Congreso norteamericano de un "financiamiento de emergencia" para el año fiscal 2008 formó parte de un gasto suplementario de 46 mil millones de dólares para las guerras de Irak y Afganistán.

El nombre de esta nueva iniciativa alude a la Iniciativa Andina de 1989, cuando el combate a las drogas se centró de manera decisiva en la erradicación de la producción de la coca. Desde entonces, la consigna parece reducir la oferta de drogas a cualquier costo, cerrar las posibilidades de que las drogas ilegales lleguen al millonario mercado de Estados Unidos.

Existe una justificación ideológica para librar de manera masiva y con millonarios recursos la guerra contra las drogas. "Dado que a finales de la década de 1980 la Guerra Fría ya había quedado atrás y los conflictos internos centroamericanos se hallaban en proceso de finalización, la región andina reemplazó rápidamente a América Central como zona beneficiaria de la ayuda estadounidense en cuestiones de seguridad" *(Drogas y democracia en América Latina..., Wola).*

La estrategia de la guerra contra las drogas poco ha cambiado en más de 25 años. Y, como se ha expuesto, se trata de una estrategia continental diseñada desde Washington.

El escenario fue la sede del Senado de Estados Unidos. David Johnson se enfrentó a los cuestionamientos de varios senadores en una audiencia sobre derechos humanos y narcotráfico, en cuyo fondo se discutió si los millonarios recursos de la Iniciativa Mérida estaban bien aplicados. El subsecretario de Estado para el Narcotráfico Internacional aceptó: "Donde pensamos que debe haber progresos es en el sistema de transparencia de la justicia militar. Esto, para que la gente pueda ver que se imparte justicia de manera clara".

TRAS los más de 34 mil muertos que en los últimos tres años ha arrojado la violencia suscitada por el narcotráfico y su combate están las armas. Nadie sabe con certeza cuántas armas existen en un país asolado por el miedo, ni qué tan grande es el mercado negro de rifles, pistolas, de las sofisticadas armas usadas por el crimen organizado como bazukas o metralletas, o la calibre .22 con la que se perpetra un asalto o un secuestro exprés.

Autoridades federales estiman que en la geografía de la violencia que se propaga por México hay más de 15 millones de armas ilegales en las 32 entidades del país. En ciudades como Ciudad Juárez, Tijuana o Culiacán las armas proliferan y los homicidios se multiplican.

Si el tráfico de drogas va del sur, donde se producen, al norte, donde se consumen, las armas viajan a la inversa. Datos más bien conservadores estiman que en México el mercado clandestino de armas suma más de 22 millones de dólares en ganancias para los traficantes. El negocio prospera junto con el miedo, con la violencia con que día con día se propaga.

Se calcula que el 60 por ciento de las armas clandestinas que existen en México provienen de Estados Unidos. En la franja fronteriza hay por lo menos 100 mil concesionarios autorizados para la venta lo mismo de pistolas Smith & Wesson que Colts, o rifles AK-47, metralletas Uzi, rifles R-15 o la letal Five-Seven, conocida como "matapolicías" por su capacidad de traspasar blindajes.

Además del tráfico de armas que tiene como propósito el abasto de lo que pueden considerarse los grupos paramilitares del narco, existe un floreciente mercado negro de armamento en el país.

Una parte del tráfico de armas con destino a México se realiza en el llamado contrabando "hormiga", pero el abasto de armamento de los grupos al servicio de los cárteles de la droga requiere de mayor sofisticación. Los traficantes de armas operan bajo el manto de la corrupción y muchas veces integran a sus organizaciones a personajes vinculados con agencias gubernamentales.

Las rutas del tráfico de armas se multiplican a través de los miles de cruces ilegales en la frontera norte, pero aprovechan también las condiciones que prevalecen en aduanas tocadas por la corrupción. Desde El Paso, Texas, hasta Chiapas, cruzando por Monterrey y Michoacán, corre una de estas rutas. Otra va de Las Cruces, Nuevo México, cruza la frontera por Culiacán y se extiende hasta Oaxaca y la frontera con Guatemala en Ciudad Hidalgo. Una más de las rutas del tráfico de armas detectadas hasta hoy por autoridades mexicanas y estadounidenses se inicia en Houston, cruza la frontera por Nuevo Laredo, corre por el Golfo de México y llega hasta Tabasco.

V. Santiago de los Caballeros

SEIS CUERPOS, seis vidas truncadas. El Ministerio Público Militar llegó al lugar de los hechos a la 1:30 de la madrugada. La frialdad del informe presentado después de su "inspección ocular" añade una involuntaria dosis de horror a lo ocurrido la noche del 26 de marzo de 2008 a las afueras del poblado de Santiago de los Caballeros, municipio de Badiraguato, Sinaloa. En la brecha quedó impactado contra la ladera un Hummer de color blanco. Muy cerca, "a dos metros de distancia", se encontraba el camión Mercedes-Benz, un vehículo militar. Por ahí quedaron un par de casquillos de las armas percutidas. "De calibre 7.62 por 50 milímetros."

Después del tiroteo, los cuerpos yacían en los vehículos. Cuatro civiles y dos soldados muertos. Se trató de un enfrentamiento desigual.

El primer cuerpo se hallaba sobre el piso: "presenta como lesión una herida en la cabeza en la región occipital de aproximadamente dos centímetros de diámetro".

El segundo cuerpo fue encontrado dentro del Hummer, en el asiento delantero, del lado izquierdo, junto al volante: "con rigidez cadavérica, inclinado sobre su costado izquierdo, con las piernas flexionadas [...], quien presenta manchas de líquido hemático en la región dorsal".

El tercer cuerpo estaba en el asiento posterior al del volante, inclinado sobre su costado izquierdo: "presenta maxilar desfigurado como consecuencia de impactos de proyectil de arma de fuego".

En el automóvil, de acuerdo con el informe del Ministerio Público Militar, se podían apreciar "múltiples impactos de al parecer proyectil de arma de fuego en la parte del toldo, predominantemente en la parte superior izquierda, asimismo en el parabrisas, medallón y en el costado derecho del vehículo".

En el camión militar aparecían las marcas dejadas por "13 impactos, siendo el primero en la puerta lateral del lado del copiloto a la altura media inmediatamente bajo el vidrio, asimismo presenta impactos en los postes de carrocería números cinco, siete y ocho, presenta también impactos en la redila de madera, de igual forma en el arco número uno trasero, presenta cuatro impactos en la compuerta trasera".

Otro par de cuerpos yacían en la caja del vehículo militar. "En posición decúbito ventral, con ambos brazos a los costados, cuyos pies se encuentran orientados hacia el sur, quien viste uniforme tipo OTAN, camuflajeado, camiseta color verde, botas color negro, de tez morena, complexión delgada [...], que presenta una gran lesión en región temporal derecha".

El otro cadáver portaba en el uniforme insignias de cabo. "Presenta las siguientes lesiones: herida en región dorsal teñida de abundante líquido hemático y contusiones en cabeza, región parietal, así como en rostro."

Nada de disuadir, tampoco detener, cuando se entra en combate se trata de aniquilar al enemigo. Un combate desigual. Los cuatro civiles muertos eran: Zenón Alberto Medina López, Manuel Medina Araujo, Édgar Geovany Araujo Alarcón, Irineo Medina Díaz. Los dos militares: el soldado de infantería Damián López Altamirano y el cabo de infantería Manuel Molohua Domínguez.

Fue herido el civil Wilfredo Ernesto Madrid Medina. También el cabo de sanidad Paulino López García y el soldado de infantería Julio López.

Los hechos ocurrieron por lo menos tres horas antes de que el Ministerio Público Militar realizara la "inspección visual" del lugar. En su primera versión, el teniente Víctor Ruiz Martínez habla de que los militares repelieron una agresión usando sus armas.

Culiacán, Sinaloa, 27 de marzo de 2008. Denuncia de hechos: "Observamos que a lo lejos circulaba un vehículo Hummer blanco H2, el cual al notar nuestra presencia procedió a emprender la huida por un camino de terracería, por lo cual emprendimos su persecución dándole alcance, emparejándonos y ordenándole al conductor detener la marcha, a lo cual éste en lugar de obedecer frenó repentinamente, escuchando en ese mismo instante disparos de arma de fuego, pretendiendo huir el vehículo civil en reversa al tiempo que el personal que viajaba en la parte trasera del camión militar procedieron a repeler la agresión haciendo uso de sus armas de cargo".

El 29 de marzo de 2008, Miguel Ángel Medina, uno de los sobrevivientes del ataque, declaró ante las autoridades: "Antes de llegar al poblado de Guanajuato me di cuenta que por atrás de nosotros, por mi lado izquierdo se acercó un vehículo grande militar, que casi se empalmaba con nosotros, y cuando nos rebasó por la izquierda, miré que empezaron a dispararnos, primero poquitos tiros, como cuatro o cinco tiros, y los vidrios se quebraron y le pegaron al piloto y vi que se cayó en su asiento y soltó el carro y como era una subidita el carro se empezó a ir para atrás, hacia abajo, despacio, y los soldados gritaban párense, pero como el piloto ya estaba muerto no podía detener el vehículo, que se iba poco a poco para atrás, y el carro de los militares se había parado adelante, y yo gritaba que no tiraran, que no traíamos armas y en eso empezaron a tirar muchas balas que pegaban en el vehículo y sentí cómo Édgar Geovany pegó como un pujido, y se me recargó y sentí la sangre de él, y yo quería bajar el vidrio para gritar que no tiraran y sentía las balas pasar cerca, cuando por fin pude grité: me rindo, no disparen, no traemos armas".

Wilfredo Ernesto Madrid Medina, el otro de los sobrevivientes en el tiroteo, declaró: "El carro de soldados rápido nos alcanzó y nos pasó por el costado izquierdo e iban disparando desde el vehículo de soldados cuando nos pasaron y los balazos le pegaron a Zenón, ya que yo vi cuando le chispeaba la sangre de la cara y el pecho y al parecer en ese momento quedó muerto, ya que sentí cuando al carro se le quitó el freno y el carro de soldados quedó delante de nosotros, pero el Hummer como no traía control se empezó a ir hacia atrás despacito, y oí que gritaban los soldados 'párate, párate', y seguían disparando, pero el Hummer se fue hacia atrás porque Zenón ya no lo controlaba, y siguieron disparando, fue cuando también le pegaron a Daniel Medina, a Irineo Medina y a Édgar Geovany y Miguel Ángel les gritaba 'no disparen, no estamos armados', y a mí me pegaron esquirlas de bala en el pecho, en el codo y cuando me quise levantar me pegaron un rozón en la cabeza".

Miguel Ángel Medina sufrió después del tiroteo abuso de autoridad: "Llegó una cuatrimoto con dos personas quienes eran Jaime y Celso quienes son del potrero de los Medina y también los pusieron bocabajo y allí me pusieron junto con ellos y nos tuvieron como cinco horas y quise levantar la cabeza y me pegaron un patadón en la cabeza para que no la subiera".

Como Wilfredo, Ernesto Madrid Medina estaba herido; lo subieron al camión militar, donde miró a cuatro soldados "tirados en la caja".

"Dos soldados estaban heridos porque intentaban levantarse, otro soldado que me estaba cuidando les decía 'no se levanten' y oía que platicaban entre ellos, diciendo que había dos bajas, y al rato oí que decía un soldado, que al parecer era el que mandaba, que les decía a los demás soldados 'quién mariguanas dijo que la Hummer disparaba, si los muchachos ni armas traen'."

Sólo los militares dispararon. Dentro del Hummer no fue encontrada ninguna arma. Tampoco se encontraron drogas.

LAS DECLARACIONES sobre lo ocurrido la noche del 26 de marzo de 2008 en Santiago de los Caballeros son como piezas de un rompecabezas. Al final, el Ministerio Público Militar declaró el auto de formal prisión en contra del teniente de infantería Víctor Ruiz Martínez, el cabo Antonio Rojas Reyes, los soldados Jorge Jiménez Castañeda, Misael Solano Muñoz y José Francisco Balam May, como presuntos responsables de los delitos de homicidio y violencia contra personas, causando lesiones. Al cabo de infantería Antonio Rojas Reyes y a los soldados Jorge Jiménez Castañeda, Misael Solano Muñoz y José Francisco Balam May se les acusó de homicidio imprudencial, así como de lesiones imprudenciales.

De acuerdo con la versión del teniente Ruiz, desde días antes los militares apostados en la región tenían conocimiento de que un Hummer de color blanco transitaba a alta velocidad escoltado por un par de vehículos. Probablemente pudiera dedicarse a actividades ilícitas.

"Al momento de darle alcance y colocarnos lado a lado, el vehículo Hummer frenó y dio marcha atrás, es en ese instante en que de reojo vi un fogonazo o destello y escuché una detonación que provenía posiblemente del mismo vehículo Hummer o bien tal vez de la caja del Mercedes, en razón de la altura en la que observé dicho fogonazo a mi costado derecho, en ese instante después del citado fogonazo, en forma inmediata, se desató una serie de detonaciones que provenían de mi personal [...]; el vehículo Mercedes-Benz avanzó poniéndose al frente del Hummer y retrocediendo con fuerza para golpear al Hummer en el cofre, pero es el caso que escuché que alguien gritó 'ya no disparen, nos estamos dando entre nosotros mismos'."

El soldado Jorge Jiménez Castañeda viajaba en la caja del vehículo militar. Antes de que se iniciaran los disparos, a los soldados se les había dado la orden de permanecer ocultos, acostados boca arriba en la caja del camión con el propósito de sorprender a los sospechosos del Hummer que perseguían.

"Después del primer disparo de arma de fuego se desencadenó una cantidad mayor de detonaciones y es en ese momento que escuché una voz que decía 'me dieron, me dieron', pero no puedo precisar quién dijo esto, por lo que sentí entre coraje y temor y cargué mi arma de cargo y me incorporé hasta quedar de pie, y sin lograr mantener el equilibrio en forma firme ya que el Mercedes se movía en forma violenta, al mismo tiempo accioné el disparador en ráfaga en varias ocasiones."

Los testimonios de los militares involucrados coinciden: un primer disparo, de un arma corta, inició el tiroteo. Un arma como la pistola ametralladora MP-5 del teniente Ruiz.

El soldado de infantería José Francisco Balam May declaró: "Escuché una ráfaga de arma corta o sea de bajo calibre que salió del lado derecho del Mercedes o sea del lado del co-piloto, de inmediato se empezaron a escuchar más detonaciones de alto calibre".

El cabo de infantería Felipe Nicolás Bautista Martínez coincide en su testimonio sobre cuál fue el primer disparo: "Escuché un disparo de arma de fuego proveniente de la parte delantera derecha del Mercedes y posteriormente se escucharon más fuertes, es decir de mayor intensidad que el primer disparo".

El cabo José Raymundo Hernández González, quien era el conductor del camión militar Mercedes-Benz, fue contundente en sus declaraciones: "El teniente de infantería Víctor Ruiz Martínez sacó su MP-5 por la ventana con la mano derecha y efectuó un disparo hacia donde se ubicaba el Hummer, y es en ese momento en que sobrevino una andanada de detonaciones de armas de fuego de más intensidad".

En una de sus primeras comparecencias, el abogado defensor del teniente Ruiz buscó la forma de atenuar la presunta responsabilidad de su defendido al preguntar:

—Que diga mi defenso si el personal bajo su mando contaba con adiestramiento respecto a la reacción o acciones a realizar en el caso de ser agredidos encontrándose en un vehículo en movimiento.

La respuesta del teniente Ruiz sorprende:

—Sí contaban con adiestramiento en tales acciones [...], lo cual no se observó en este caso desconociendo las causas o motivos al respecto.

El saldo de una operación fallida, de una acción del Ejército mexicano en labores de seguridad pública, fue de cuatro civiles muertos y dos soldados víctimas del fuego amigo.

SALOMÓN MONARREZ miró de frente a la muerte, se le apareció como un hombre moreno, de complexión robusta, con gorra de beisbolista, lentes oscuros y una pistola empuñada. Jamás sintió tanto miedo. Fueron 10 tiros. Seis meses después del atentado del que logró sobrevivir aquella mañana del 31 de agosto de 2009, nos encontramos en las oficinas del Frente Cívico Sinaloense.

"Eran las 6:15 de la mañana, apenas amanecía, estaba dedicado a las labores que por costumbre hago en mi casa desde hace 30 años."

Salomón relata lo ocurrido con el fervor de quien logró salvar la vida de manera inexplicable. De los 10 disparos percutidos, seis dieron en el blanco, el indefenso blanco de la víctima de un intento de homicidio.

"El hombre me dio por muerto, quedé ahí tirado, bañado en sangre. Sentí que la vida se me iba, se me nubló la vista. Luché por no perder el conocimiento. Por fortuna mis hijos llegaron de inmediato, me auxiliaron, me llevaron al hospital."

Salomón hace un recuento de las heridas que provocaron daños de los que no termina de restablecerse. "Me dieron un balazo en el abdomen, me quebraron el brazo…"

Cuando algo así sucede, cuando alguien con la consigna de matarlo a uno aparece frente a sí, cuando un profesional de la muerte falla, uno se convence de que los milagros existen.

"Es un milagro el que pueda estar platicando lo que sucedió, me asistió un ángel protector muy grande que impidió me quitaran la vida."

Salomón debe andar por los 50 años. En su voz late el tono bronco de los hombres forjados en la sierra sinaloense.

—¿Por qué trataron de matarte?

—Esto viene de alguno de los tres niveles de gobierno; hemos hecho trabajo de investigación, denunciado hechos graves. A nivel federal les hemos dado seguimiento a los constantes atropellos de los militares. Le dimos seguimiento al caso de La Joya de los Martínez, donde murieron tres niños y dos mujeres, por supuesto inocentes. También al caso de Santiago de los Caballeros, al que llevamos hasta los más altos tribunales, a la Suprema Corte de Justicia de la Nación. A nivel estatal hemos denunciado una y otra vez los efectos de la violencia que ha rebasado a las autoridades. Las autoridades no han hecho lo que les toca, han permitido que se ahonde la descomposición social provocada por la violencia. En cuanto al municipio, he denunciado la mala calidad del pavimento en las obras realizadas en las calles de la ciudad de Culiacán.

La madrugada en que ocurrieron los hechos en Santiago de los Caballeros, los familiares de las víctimas y los detenidos se encontraban desesperados. Había muertos y desaparecidos. El Ejército tenía bajo su control la situación. De no haber recurrido al Frente Cívico Sinaloense, las cosas pudieron haber ocurrido de manera diferente; en un primer momento los militares involucrados en los hechos hablaron de un enfrentamiento.

—Fuimos la primera instancia a la que recurre la familia, había cuatro personas muertas y tres desaparecidas. Los familiares de los desaparecidos llegaron a mi casa de madrugada, de ahí venimos a la oficina y empezamos a trabajar en la exigencia de que aparecieran quienes se encontraban desaparecidos y se investigaran los hechos. Después vino una comisión de compañeros del Centro de Derechos Miguel Agustín Pro y continuamos con ellos nuestra labor. En un principio, personal del Ejército trató de confundir los hechos, dijeron que los soldados muertos habían fallecido en un enfrentamiento, trataban de no reconocer su responsabilidad en lo ocurrido; cuatro personas resultaron muertas, no eran culpables de ningún delito, no traficaban con droga, no portaban armas, iban a una fiesta. La gente del Ejército trató de armar una versión de los hechos que no funcionó.

Salomón, como otros muchos sinaloenses, ha sido víctima de la violencia; los muertos se han multiplicado en Sinaloa.

—Tenemos un pueblo desprotegido, lo peor es que no hay esperanza. Parece que no hay quien pueda contener esta barbarie.

—Antes de sufrir el atentado, de que, si me permites la expresión, se te apareciera la muerte, ¿recibiste alguna amenaza?

—No, fue algo que me tomó por sorpresa, no lo esperaba.

—¿Ha habido algún avance en la investigación?

—No hay nada.

—¿Cómo era el hombre que te disparó, pudiste verlo?

—Tenía tipo de gente del sur, moreno, robusto, llevaba cachucha y lentes oscuros. Empezaba a amanecer cuando entró con la pistola. Me disparó a la cabeza, un rozón en la oreja. Fue horrible, 15 segundos del miedo más intenso, miedo como jamás había sentido en la vida.

El miedo de quien se topa con la muerte.

VI. En Juárez
todos tienen miedo

E L ÍNDICE DE LA MUERTE, la dimensión del miedo, son categorías subjetivas de las que se habla en Ciudad Juárez para denotar la descomposición social que provoca la violencia, el crimen, la impunidad. Las muertes se multiplican día con día, las ejecuciones, las crueles masacres como la de Salvarcar. Es una sociedad acechada por la extorsión, el secuestro, el asalto callejero, en la que todos saben que la vida vale muy poco y cualquiera puede perderla.

¿Cómo se vive en la ciudad más violenta del mundo, en el escenario de una guerra soterrada, con más de dos mil víctimas y el saldo del pánico que provoca saberse indefenso ante hordas de criminales armados?

En Casa Amiga, institución fundada por Esther Chávez Cano, precursora de la defensa de los derechos humanos en esta ciudad fronteriza, tienen una parte de la respuesta a esta pregunta, la respuesta de quienes resultan los más vulnerables en el entorno de la violencia: las mujeres, los jóvenes, los niños. "Es una crisis muy fuerte por la que atravesamos, la vivimos a nivel personal y en el conjunto de la sociedad, es la crisis del miedo", dice Irma Guadalupe Casas Franco, directora operativa de Casa Amiga, a quien visito una fría mañana invernal en sus oficinas. "Hay un miedo generalizado de lo que te pueda pasar en la calle o en el camión. En las terapias que ofrecemos a las mujeres ya no se habla de los conflictos de pareja, todos vienen a hablar de que mataron a no sé quién, de que al primo lo ejecutaron, de que a un conocido lo *levantaron* y a un vecino lo *encobijaron*."

En Ciudad Juárez, habitada por un millón 405 mil personas, el promedio de homicidios por cada 100 mil habitantes es de 159, cifra que supera a la de Irak, país azotado por otro tipo de guerra y donde son truncadas 132 vidas por cada 100 mil habitantes.

"Los jóvenes son utilizados por los grupos criminales. Ahora ya no se trata de la pandilla del barrio que va y pelea con otra, que asalta a la gente, no; hoy los jóvenes son utilizados por el narcotráfico, por el crimen organizado", continúa Irma Guadalupe, y ahí están las consecuencias de la falta de opciones de vida, de enfrentarse a un futuro clausurado y sobrevivir en precarias condiciones de hacinamiento y falta de servicios urbanos en los barrios perdidos en la ciudad, esos barrios tomados por el narco.

En Ciudad Juárez sobra quien pueda convertirse en sicario, *halcón,* narcomenudista, quien sea carne de cañón para el narco. De acuerdo con datos estadísticos del municipio, cerca del 40 por ciento de los jóvenes de entre 14 y 18 años han sido excluidos de las opciones de escuela y de trabajo. Muchos de ellos, que han visto coartada su esperanza de una mejor vida, muy pronto pueden ingresar a las huestes del crimen organizado, donde el trabajo, aunque sucio, siempre está garantizado.

Irma Guadalupe pone el dedo en la llaga: "El tema recurrente aquí son los ejecutados y los muertos. Los niños y las niñas están aprendiendo eso, que la vida no tiene valor y que todo lo puedes arreglar a través de la violencia".

Ése es el oscuro código de supervivencia en Ciudad Juárez.

LA GENTE se pregunta qué ocurre, cuál es la causa de que la muerte ronde por las desoladas calles de esta ciudad. La primera respuesta que surge es la del enfrentamiento entre bandas rivales que buscan el control de la plaza por donde transita buena parte de la cocaína que se consume en el mercado más grande del mundo para las drogas: las calles de las ciudades de Estados Unidos. Desde los tiempos de la prohibición del alcohol, en Juárez inició una ruta que llega a Nueva York y se expande por distintas ciudades estadounidenses.

José Reyes Ferriz, ex presidente municipal, intentó gobernar la ciudad en medio de la crisis, una crisis de doble cara: la de la inseguridad y la económica, que se traduce en la pérdida del empleo que han sufrido muchos en esta frontera, donde la maquila fue el efímero motor de la economía.

Reyes Ferriz se toma su tiempo para responder a mis cuestionamientos.

—No debió ser fácil gobernar una ciudad como Juárez...

—Fue bien difícil. Ciudad Juárez no sólo es complicada por el tema de la inseguridad, sino también por el tema del desempleo y la crisis económica. Ésta es una ciudad fuertemente ligada a la economía norteamericana, especialmente a la economía automotriz de los Estados Unidos; el 55 por ciento de nuestros empleos tiene que ver con el sector automotriz y la principal fuente de empleo en Juárez es la industria maquiladora. Siempre hemos tenido una cobertura de empleo total y ahora hemos perdido 25 por ciento de los empleos. No tenemos ese índice de desempleo porque mucha gente ha regresado a su lugar de origen, pero tenemos un problema económico muy serio.

El ex alcalde, de quien se ha dicho que durante su gestión vivió siempre en la ciudad vecina de El Paso, Texas, tiene claro el porqué del interés del crimen organizado, de las empresas transnacionales del narcotráfico, en la estratégica plaza de Ciudad Juárez.

"Desde el punto de vista de la logística, esta ciudad es el punto más importante de Norteamérica, somos la ciudad mejor conectada con Estados Unidos y Canadá. Tenemos dos ferrocarriles que llegan a El Paso, tenemos dos carreteras interestatales muy importantes. Tenemos cinco cruces internacionales, muchísima infraestructura que facilita el cruce de mercancía, muchas bodegas. Entonces, esa misma capacidad que tenemos es la capacidad que busca la delincuencia organizada para su logística ilegal, para el tráfico de drogas."

Para la pregunta de qué está pasando en la ciudad de los muertos y las ejecuciones, el ex alcalde tiene una versión. El enfrentamiento entre dos grupos por el control de la plaza, el Cártel de Juárez en contra de la organización que comanda el *Chapo* Guzmán, el Cártel de Sinaloa, se inició a finales del año 2007. "Es una guerra muy fuerte, donde en el 2008 murieron mil 600 personas. Ese año enterramos en fosas sin nombre a alrededor de 800 personas, que murieron en esta guerra, quienes seguramente sus familias ni siquiera saben que ya murieron, ni siquiera saben que vinieron a Juárez a librar una guerra. Esta guerra se dio aquí y en Culiacán, donde ese mismo año hubo 900 muertos. Esta guerra continúa, en el 2009, donde superamos las dos mil víctimas. Si antes no se afectaba a quien no estuviera involucrado en esa lucha —únicamente 30 de las personas que murieron en el 2008 fueron clasificados como civiles inocentes—, lo que ocurre ahora es distinto."

Y el ex presidente municipal de Ciudad Juárez sigue intentando responder a la pregunta de qué es lo que pasa en la ciudad de los muertos: "Estos grupos empezaron a atacar a los policías, a fin de bajar las guardias policiacas para poder operar; eso generó una disminución en la actividad policiaca, y en la presencia militar y en la venta de drogas, y propició actividades delictivas colaterales que no se daban en Ciudad Juárez: secuestros, extorsiones, robos de autos, robos de negocios. Toda una serie de delitos colaterales que sí afectan a la sociedad. Eso es lo que está sucediendo".

SAULO REYES, director operativo de la Secretaría de Seguridad Pública durante el anterior gobierno municipal de

Héctor Murguía, de una o de otra manera manejó los hilos de la corrupción policiaca. Reyes, quien había ocupado distintos puestos en la administración pública, llegó a ser el principal mando policiaco de la ciudad con el apoyo de varios empresarios. El 16 de enero de 2008 fue detenido por agentes encubiertos de la Oficina de Aplicación de Leyes de Inmigración y Aduanas (ICE) del gobierno de Estados Unidos en El Paso, Texas. Se trataba de la venta de un cargamento de marihuana oculto en la cochera de una casa en la calle de Sun Bridge, al este de esa ciudad fronteriza. A sólo cuatro meses de haber dejado el cargo, el que fuera director operativo de la policía de Juárez buscaba colocar media tonelada de la droga en el mercado.

Gustavo Muñoz Hero, ex regidor de extracción panista, considera, como muchos otros en esta ciudad, que la captura de Reyes marca el inicio de la conflagración que hoy se sufre, con las más dramáticas consecuencias. "Se habla de que, durante su gestión, este hombre organizó a bandas completas para manejar el tráfico de drogas. Se habla de los Mexicles, de los Aztecas, dos bandas que eran rivales, quienes exacerbaron sus enfrentamientos; también de que ambos grupos se utilizaron para una mayor distribución de droga. Cuando este hombre es capturado, se da un parteaguas en la ciudad, es cuando empezamos a vivir una violenta degradación, esta debacle de la ciudad, la guerra entre las organizaciones criminales. Pensábamos que era algo pasajero, pero desafortunadamente no fue así, cumplimos ya varios años de este evento maldito para la ciudad."

Un "evento maldito" que todavía tiene consecuencias. Unos cuantos días después de mi entrevista con Gustavo Muñoz Hero, un comando armado arribó a una fiesta de barrio. El saldo fue de 15 muertes. La escalada de violencia que representa la masacre de Salvarcar, ocurrida el domingo 31 de enero de 2010, prácticamente coincide con la triste conmemoración de la captura de Reyes, el hombre que manejó lo mismo a la policía municipal que, se dice, a las pandillas y que pudo ser un personaje clave para el negocio del narcotráfico en Ciudad Juárez. ¿Fue sólo una coincidencia?

PARA RESPONDER a la pregunta sobre lo que ocurre en Ciudad Juárez, muchos, como Muñoz Hero, se remiten a lo que puede considerarse la historia económica de la ciudad de las maquiladoras. "Hay que recordar que estamos viviendo ya 30, quizá 40 años, en el sistema de maquila. Si bien el modelo maquilador vino a resolver un problema de desempleo, generó una serie de problemas sociales al traer a una cantidad de gente a trabajar a una ciudad que no estaba preparada para eso desde el punto de vista de sus servicios, entonces se sobrepasó la capacidad del municipio."

Se trató de una realidad que también modificó el tradicional modelo familiar: "Esto trajo la independencia económica de muchas mujeres, lo que fue positivo, pero también la promiscuidad sexual, el crecimiento en la taza de madres solteras, madres que tenían que trabajar para sostener a sus hijos", añade Muñoz Hero.

Muchos juarenses lo saben: los muertos acumulados por la violencia suscitada en la ciudad vienen de la pobreza y la exclusión social. "Tenemos una generación de niños que crecieron solos, al cuidado de una abuela, o frente a una televisión, en algunos casos amarrados o encerrados. Tenemos una generación de niños abandonados y ahora vivimos las consecuencias."

El resto de la historia tiene que ver con la decisión de convertir a México en uno de los mercados más importantes de droga al menudeo, de multiplicar el negocio de las "tienditas" en los barrios y colonias de Ciudad Juárez y, como consecuencia, los índices de adicción.

Pero el drama de los niños abandonados en Ciudad Juárez se dio en el entorno social de la exclusión. Las condiciones de vida en los barrios del poniente de la ciudad han sido siempre en extremo precarias. La vida es muy difícil en esas interminables zonas urbanas que se extienden al poniente y le ganan espacios al desierto.

Laurencio Barraza, de la Organización Popular Independiente, está convencido de que en Ciudad Juárez existen elementos en el entorno urbano que pueden considerarse precursores de la violencia. Dichos precursores se expresan de manera determinante en la geografía de la ciudad... "Al poniente de la ciudad, hasta el año 2000 se concentraba el 40 por ciento de su población, una población que cuando mucho gana dos salarios mínimos al día y trabaja más de 50 horas a la semana. En esa zona se carece de infraestructura urbana, de transporte más allá del usado por las maquiladoras. Esta zona contrasta con la del suroeste, totalmente urbanizada, con fraccionamientos, donde están prácticamente todas las escuelas de la ciudad, también los hospitales y demás servicios."

Y los habitantes se multiplicaron en Ciudad Juárez, pues la frontera y sus promesas atrajeron durante años a muchos inmigrantes.

"Para el año 2005 registramos un incremento poblacional en esta zona del poniente de la ciudad de más de 200 mil personas. Personas que en su mayoría habitan viviendas de 70 metros cuadrados en espacios urbanos que carecen de los más elementales servicios. Ahí se encuentran esos factores precursores de la violencia, en esa negación al derecho a una vida digna que merece cualquier ser humano, al derecho a la ciudad y sus distintos espacios", concluye Laurencio Barraza.

Pero el derecho a la ciudad parece negado a todos los habitantes de Juárez, sobre todo ahora que ha sido tomada por la violencia criminal.

A Gustavo Muñoz Hero, como a muchos de los juarenses, le inquieta sobremanera oír el llamado de sus teléfonos móviles. Todos saben que se puede tratar de la mala noticia acerca del secuestro de un hijo o de la llamada intimidatoria de un extorsionador que exige un rescate por la tranquilidad perdida. Miles de pesos semanales por no prenderle fuego al negocio familiar.

"La violencia de los asesinatos es sólo una parte de la violencia que sufrimos en esta ciudad. La plaza está tomada por los truhanes, las extorsiones están a la orden del día. Un sector de la economía importante para esta ciudad, que fue uno de sus sostenes por mucho tiempo, el área de servicios, restaurantes, bares, centros nocturnos, ha sufrido extorsiones y secuestros, matanzas al interior de los negocios. Esto ha deprimido terriblemente esta actividad y ha incrementado el impacto de la crisis económica que se vive a nivel internacional y aquí también padecemos. Ha aumentado el desempleo y con ello las consecuencias sociales que podemos prever. Se trata de un círculo vicioso muy difícil de romper."

Al caminar por diferentes rumbos de la ciudad uno se topa con los negocios abandonados en cada esquina, con las casas cerradas y en venta. Les han prendido fuego lo mismo a restaurantes que a funerarias. En cuanto a las funerarias, los mafiosos les exigen un pago compensatorio por la cantidad de trabajo y ganancias que les han generado en los últimos años.

Para los viejos juarenses, como Gustavo Muñoz Hero, hay colonias totalmente perdidas por efecto de la extendida presencia del crimen en la ciudad. "El caso más fuerte es la Bellavista, que está al oeste de la ciudad; ésta era una colonia típica juarense, de gente que trabajaba en El Paso, sus habitantes tenían un nivel de vida elevado. Era una colonia pacífica, agradable, pero hoy ya está perdida, se encuentra llena de 'picaderos'; es un lugar al que no se puede entrar de noche. También han proliferado las 'tienditas' en la Hidalgo y el centro de la ciudad."

Pero los feudos del crimen se multiplican en Ciudad Juárez: "También tenemos las colonias nuevas, como la Guadalajara, al suroeste de la ciudad. El crecimiento desbordado de la ciudad ha generado muchas colonias sin ningún servicio urbano, colonias que están desbordadas por la delincuencia".

En estas colonias y barrios prospera el negocio del narcomenudeo, pero en otra zona de Juárez las extorsiones y los secuestros son una constante amenaza para quienes ahí trabajan, viven o intentan mantener a flote su negocio. "Como en El Paseo Triunfo de la República, la avenida Gómez Morín, la avenida Tomás Fernández. Estas zonas, que tradicionalmente han sido las de mayor desarrollo comercial y económico, donde se concentran las oficinas, los restaurantes, han sufrido un embate terrible por parte de la delincuencia, han quemado negocios de quienes no aceptan o no pueden pagar la cuota impuesta por la extorsión."

UNA PALABRA, con todas las implicaciones de su significado, flota en el ambiente de esta ciudad desde hace años. Esa palabra resuena lo mismo en la tragedia del feminicidio que en los muertos del narco, las víctimas del secuestro, la extorsión, o quien sufre el robo de su automóvil o el asalto callejero. Esa palabra es *impunidad*.

David Rodríguez, quien fuera regidor de seguridad en el municipio de Juárez, aporta otro vocablo que es el triste complemento de la palabra *impunidad;* otro vocablo ligado a la ineficaz procuración de justicia en México: "Se fue incubando la cultura de la *corrupción* a tal grado de formar una simbiosis entre funcionarios y elementos policiacos con delincuentes.

Llegó el momento en que fueron rebasadas las instituciones policiacas por la misma delincuencia. Hoy la impunidad está presente en todo tipo de delitos, en las extorsiones, los asaltos, el robo de vehículos, cuyas cifras son escandalosas en esta ciudad, con el 25 por ciento del total de robos de todo el país, y desde luego, el trasiego de enervantes".

Ante esta realidad, el Operativo Conjunto Chihuahua llevó al Ejército a realizar labores de seguridad pública en Ciudad Juárez. Con esa medida desesperada se buscó hacer frente a la delincuencia, pero la estrategia del gobierno de Felipe Calderón, en los hechos, dejó un saldo negativo, aparte de más de mil quejas por los abusos cometidos presentadas en la Comisión Estatal de Derechos Humanos, de acuerdo con datos del visitador de la ciudad Gustavo de la Rosa Hickerson, quien, por temor a sufrir las consecuencias de denunciar lo que ocurre, no sólo se retiró del cargo sino que vive virtualmente exiliado.

Pero el ex alcalde de ciudad Juárez, José Reyes Ferriz, está convencido de que el Operativo Conjunto cumplió sus objetivos. "Este operativo se crea en marzo del año 2008 y tiene objetivos muy específicos, como son desmantelar las redes operativas y financieras de la delincuencia organizada. Fue sumamente exitoso en eso; la cantidad de droga que se vende en la ciudad ha bajado de una manera impresionante. Efectivamente se desarticularon las redes operativas de la delincuencia organizada."

Aunque tal desarticulación, reconoce el ex alcalde, impactó a la seguridad pública: "Eso generó una falta de flujo de efectivo en los delincuentes muy importante, quienes tienen que mantener sus estructuras delictivas, y ante esa falta de flujo se tienen los delitos como los robos de banco, como los robos de negocios, las extorsiones, los secuestros, ya que estos grupos empiezan a buscar esas nuevas formas de mantener su estructura operativa".

Lo cierto es que en las calles de Juárez, si se busca, se encuentra con facilidad. El negocio del narcomenudeo sigue al alza, como lo indican los datos de las adicciones y los testimonios de quienes encaran día con día la tarea de la orientación social.

"Donde quiera hay droga, lo que se percibe es que, cuando los encargados de los lugares son ejecutados, ponen a otros. Se han abierto más lugares donde se vende droga y la gente lo sabe. De acuerdo con los reportes que tenemos nosotros, la droga que se consume mayormente es la cocaína", afirma Irma Guadalupe Casas, de Casa Amiga.

Cuando surge la pregunta sobre el saldo del Operativo Conjunto Chihuahua, muchas voces coinciden: el fracaso, los muertos, la proliferación del crimen, la violación de los derechos humanos...

En cuanto al porvenir en Ciudad Juárez, me quedo con lo dicho por Elizabeth Flores, directora de la Pastoral Obrera de la Ciudad: "Aquí la vida ya no es vida. Creo que todavía no vemos lo peor que puede pasar".

Y lo peor que puede pasar es el negro futuro sin esperanzas para una ciudad donde desde hace años el narco impuso la ley de la violencia y la corrupción.

Irma Guadalupe Casas dice, poco antes de que me marche de Casa Amiga, una cosa que no puedo olvidar: "El costo más fuerte de esta realidad es el de una generación que no va a aprender a solucionar por una vía pacífica sus conflictos personales, de pareja y en la sociedad. Hoy los niños y las niñas están aprendiendo que la solución es la violencia... matar al otro".

ALGO TURBIO FLOTA en el ambiente, se mira en los rostros tensos de quienes andan por ahí con desconfianza, de quienes no se resignan a la pesadilla de otro ejecutado en las calles del barrio.

La muerte ronda por ahí y todos los saben. Más allá de las negras estadísticas, de las cifras de la criminalidad, cualquiera puede toparse con la muerte a la vuelta de la esquina. El taxi avanzaba despacio por las calles de la colonia División del Norte; la cita para reunirme con Patricia Galarza era a las 16:30... sólo unos minutos antes, y a dos cuadras del lugar donde se encuentra la Centro de Derechos Humanos Paso del Norte, un hombre fue asesinado. Un auto de modelo reciente, de color oscuro, se detuvo en la esquina de Francisco Portillo y Quinta. Quienes miraron lo ocurrido, testigos anónimos, aterrorizados, dijeron que un grupo de hombres bajó del auto, entró a una de las viviendas y disparó. La víctima era un hombre de 25 a 30 años de edad; lo sorprendieron mientras veía televisión. Al parecer nadie lo conocía, era un recién llegado al barrio. Tampoco fue identificado. El destino del cuerpo: la fosa común. De seguro fue otro de los miles de homicidios que permanecen impunes en Ciudad Juárez.

Quien no se imagine lo que es acostumbrarse al miedo, a la amenaza de la extorsión, del secuestro, a la negra noticia del ejecutado, al asalto callejero, al robo del auto… a la indefensión, tendría que andar por las desoladas calles de Juárez y escuchar los relatos de la gente, las mil y un historias de la aciaga violencia.

—¿Juárez está en guerra? —pregunto a Patricia Galarza.

—Sí, esto es una guerra —dice—. Una guerra, como son muchas otras donde se lucha por el poder. Juárez está fracturado y lleno de dolor. Los derechos humanos están totalmente violados.

Tiene razón. El derecho fundamental a la vida no está garantizado y todos lo saben, lo mismo el profesor universitario que el taxista, el burócrata, el comerciante, el empleado del hotel, el funcionario público… Todos tienen miedo.

La guerra: sábado 13 de marzo del año 2010. Pasaban de las 14:29 horas de la tarde cuando terminó la persecución de la Toyota blanca con placas de Texas. Lesley A. Enríquez y Arthur Redelfs fueron asesinados en el cruce de las calles Francisco Villa y bulevar Norzagaray, en la zona Centro, mientras huían rumbo al Puente Internacional Santa Fe con el ánimo de cruzar al otro lado. Minutos después, en la avenida Insurgentes y la calle Artículo 39, de la colonia El Colegio, fue ejecutado Jorge Alberto Salcido; este crimen ocurrió a menos de cuatro kilómetros de distancia. Durante la persecución hubo tiros sobre el vehículo Honda Pilot de color blanco en que iba. En el tiroteo resultaron heridos dos niños de cuatro y siete años de edad, hijos de Salcido, de quien se dijo que era esposo de una funcionaria del Consulado de Estados Unidos en Juárez. Lesley A. Enríquez también era funcionaria del Consuldado.

Las víctimas venían de una fiesta infantil. Arthur Redelfs era integrante de la oficina del Sheriff de El Paso, Texas. Estaba asignado al Centro de Detención, cárcel de máxima seguridad ubicada en esa ciudad. De Jorge Alberto Salcido se ha señalado que estuvo vinculado a la policía municipal y también que fue agente de la policía ministerial de Chihuahua.

CIUDAD JUÁREZ, la ciudad de los muertos, la de las tres mil 22 ejecuciones en 12 meses. A principios del año 2010 debía ser la ciudad más vigilada del mundo. En ella se desplegaron más de 16 mil elementos de seguridad. Ocho mil 500 soldados, cuatro mil agentes de la policía federal, dos mil 850 policías municipales, 487 preventivos estatales y 380 agentes ministeriales.

En Ciudad Juárez ha quedado demostrada la ineficacia para enfrentarse por la vía punitiva al problema social que implica el narcotráfico. Han fracasado los operativos, junto con el infructuoso intento por recuperar el territorio perdido. El saldo de una estrategia, que hoy se reconoce como limitada, es, además de los miles de muertos, la de la seguridad pública abatida por la delincuencia.

Janet Napolitano, secretaria de Seguridad Interna del gobierno de Estados Unidos, en entrevista con el canal televisivo MSNBC declaró el martes 16 de marzo del 2010 sobre estos crímenes: "Es parte de una ola de violencia que ha sufrido Ciudad Juárez durante los años recientes. La presidencia de [Felipe] Calderón ha estado profundamente involucrada hasta ahora enviando militares a Juárez, pero esto no ha ayudado".

Víctor Quintana, diputado local en Chihuahua, de filiación perredista, comenta por su parte: "La estrategia no ha funcionado, ha disparado los niveles de violencia, no ha incidido en disminuir la inseguridad que sufre la población. No se ha detenido a ningún capo importante en el estado de Chihuahua ni se ha desmantelado una red importante de narcotráfico. Lo que urge es un cambio de estrategia".

Quintana señala los efectos en la economía provocados por el estrés de los habitantes de una ciudad donde se vive una singular conflagración, cuando miles han sido víctimas de extorsiones, secuestros, robos… donde muchos han sido testigos de la muerte violenta de alguien, un pariente, un conocido… donde se sabe de masacres como la ocurrida en Villas de Salvarcar o la de las decenas de asesinados en un centro de rehabilitación para alcohólicos y drogadictos o en el mismo penal de la ciudad.

Éstos son los datos duros de la ciudad más violenta del mundo: más de tres mil homicidios en los últimos 13 meses, y contando 11 mil robos, mil 309 robos de autos, por ejemplo, sólo en el mes de octubre de 2009; 136 denuncias por secuestro… la cifra negra de las extorsiones y demás delitos nadie la sabe a ciencia cierta.

Después de la masacre en Villas de Salvarcar, donde perdieron la vida 16 jóvenes, un crimen cuyo móvil no ha sido esclarecido, los focos rojos de la alarma por fin llevaron al presidente Felipe Calderón y algunos miembros de su gabinete a Ciudad Juárez.

La tercera visita de Calderón en poco más de un mes se realizó sólo tres días después de los homicidios perpetrados en contra "de personas vinculadas al Consulado de Estados Unidos", como se designó a los tres asesinados del sábado 13 de marzo de 2010.

La estrategia para Ciudad Juárez planteada por el gobierno federal hoy es de emergencia: además de las acciones de la PGR y la Secretaría de Seguridad Pública, se involucra a la Secretaría de Desarrollo Social, a la de Educación Pública y a la de Salud.

La PGR propone más operaciones encubiertas; la Secretaría de Seguridad Pública envía 400 elementos dedicados a labores de inteligencia e investigación; Sedesol promete duplicar el alcance del programa Oportunidades para llegar a 25 mil familias; la SEP ofrece construir cinco planteles a nivel bachillerato y tres de educación superior; la Secretaría de Salud realizará 15 mil pruebas de detección temprana de adicciones y ampliará su atención sicológica.

Pero el Ejército sigue en Ciudad Juárez. Afronta el rechazo de la población. Marchas, reclamos… historias de abuso y desapariciones forzadas.

Los asistentes a la tercera sesión del Foro Todos Somos Juárez no aceptaron las "gráficas" de la disminución de la violencia en la ciudad presentadas por el secretario de Seguridad Pública Genaro García Luna, quien argumentó la disminución de los homicidios en un 40 por ciento.

Miguel García, de la mesa de seguridad, preguntó:

—¿Es posible ganar la guerra así como está planteada?

Hugo Almada, otro de los asistentes al foro, afirmó ante el presidente Calderón y los funcionarios que lo acompañaban, entre ellos el procurador general de la República, Arturo Chávez Chávez:

—Tenemos cuatro mil muertos sin rostro, 10 mil niños huérfanos, 40 mil familiares de personas ejecutadas, muchísimas personas torturadas, lo que nos tiene en una situación de miedo, de pánico…

Elizabeth Flores, directora del área de Pastoral Obrera del Obispado de Ciudad Juárez, reflexiona sobre el papel que ha jugado el Ejército en el escenario de la guerra en esa ciudad: "La presencia del Ejército no es parte de la solución, sino del problema. Hoy sufrimos violaciones a los derechos humanos, son muchos los casos de cateos sin orden judicial, las detenciones ilegales".

Ahí están los casos documentados sobre esta realidad que abona a la descomposición social. Gustavo de la Rosa Hickerson, visitador de la Comisión Estatal de Derechos Humanos, preparó un expediente con casos de violaciones a los derechos humanos perpetrados por el Ejército mexicano. Un expediente que fue entregado a oficiales del más alto rango. El expediente incluye 39 casos, 16 quejas presentadas por homicidios, 14 por desaparición forzada y cuatro por tortura.

DESDE HACE AÑOS la impunidad azota a Ciudad Juárez, ¿cuántos de los culpables de los miles homicidios perpetrados en la ciudad en los últimos dos años han sido detenidos?

Los feminicidios en Juárez siguen siendo un caso arquetípico de la ineficaz procuración de justicia en México. Es también la más cruel representación del deterioro social de esta ciudad fronteriza donde se erigen estructuras del mal, si por mal entendemos la corrupción, la criminalidad, el nulo respeto a la vida, la condición de sometimiento de la sociedad al imperio de la delincuencia, la ausencia de futuro para los jóvenes, la acechanza de la muerte para todos.

¿Cuántas mujeres han sido asesinadas en Ciudad Juárez en los últimos 15 años? ¿Cuántas han desaparecido?

Las cifras del recuento del feminicidio varían de acuerdo con las fuentes de información. Los fríos números de 576 mujeres asesinadas y más de 600 desaparecidas apenas aluden a las vidas truncadas, al dolor de la pérdida de la hija, la madre, la esposa…

Los homicidios y las desapariciones de mujeres en Ciudad Juárez continúan. En el año 2007 nadie volvió a saber de tres mujeres. En el 2008, el número de mujeres desaparecidas aumentó a 14. Hasta los primeros meses de 2010 ya habían desaparecido 24 mujeres.

En Juárez hay quien dice que en las calles corre sangre. Si

se tratara de una metáfora, podría pensarse que es burda y desafortunada, pero lo peor es que se trata de una realidad, basta con abrir cualquier diario de circulación local para documentar el miedo. En toda las colonias y los barrios, en todos los rumbos de la ciudad, han caído los muertos. La mayoría son jóvenes, muchos de ellos ni siquiera son identificados y terminan en la fosa común. Pero la guerra ha dejado otros saldos, como se ha referido líneas antes. Los negocios cerrados suman miles. Detrás del abandono de restaurantes, estéticas, concesionarias de autos, consultorios médicos, tiendas de abarrotes en las esquinas de populosos barrios, está el miedo.

Una historia dolorosamente común: puede ser una llamada o la presencia de un grupo armado a las puertas del negocio. Se tiene que pagar para no sufrir un lamentable incendio, el secuestro de algunos de los hijos, la pérdida de la vida en una de tantas ejecuciones...

Según distintos recuentos periodísticos, son 134 menores de edad los caídos en Juárez sólo en 2009, donde se libra una guerra más cruel y vasta que la del narco, una guerra perpetrada por la extensa criminalidad, su ciega violencia y la impunidad con la que operan las bandas dedicadas al crimen organizado. De esos 134 menores muertos, 22 tenían menos de 13 años. Son los amargos daños colaterales de vidas truncadas antes de florecer. Niños asesinados a quienes se ejecuta con sus padres.

Imelda Marrufo, de la red de organizaciones civiles agrupadas en la Mesa de Mujeres, describe lo que puede considerarse la negra floración de las múltiples formas de violencia que se entrelazan en Ciudad Juárez: "El feminicidio es una de esas formas de violencia. Ésta es una ciudad donde la violencia contra los jóvenes se da sólo por el hecho de ser jóvenes, donde a ellos se les ha endosado la criminalidad. Aquí coexisten muchas formas de violencia por las características de la ciudad, pero estas formas de violencia se dan a causa de una gran permisividad del Estado mexicano. Juárez es la ciudad más violenta del mundo, pero no sólo a causa del crimen organizado".

VII. "Uno más
al montón de cadáveres"

¿QUÉ OCURRE con los deudos de las víctimas de la guerra del narco, los deudos de los más de 34 mil muertos y quién sabe cuántos *levantados* y desaparecidos? ¿Alguien reclama justicia por ellos? ¿Se investigan los crímenes de que fueron víctimas? ¿Existe alguna posibilidad de que sean detenidos los autores de esos delitos?

En Sinaloa los muertos se multiplican.

Pocas son las madres de los muertos, los familiares de los *levantados,* que se atreven a exigir justicia. No resulta fácil vencer el miedo de terminar como uno más de los caídos, de las víctimas de crímenes que permanecen impunes.

"No hay justicia", dice Alma Trinidad Herrera, la madre de Cristóbal Herrera Camacho, quien tenía 16 años cuando murió el 10 de julio del 2008, junto con otras ocho personas acribilladas en un taller mecánico del fraccionamiento de Los Pinos, al norte de la ciudad de Culiacán.

"Queremos encontrarlo, aunque sean sólo sus restos, sus *huesitos*, para darle sepultura", señala Alma Rosa Rojo Medina, hermana de Miguel Rojo Medina, *levantado* el 4 de julio de 2009.

Por su parte, Norma García Castro lamenta la muerte de su hijo Abelardo Miramón García: "Lo atacaron el 27 de enero del año 2009; como todos lo saben, en el estado impera la violencia; mi hijo no tenía nada que ver con esta ola de muerte y narcotráfico, pero igual fue asesinado. Las autoridades tienen poco interés en esclarecer este caso. Es un asesinato más, y como la gente ya esta acostumbrada a los asesinatos, como son el pan de cada día, pues ahí va uno más al montón de cadáveres. Qué andaría haciendo, dirá la gente, y todo se justifica".

Óscar Loza Ochoa, quien ha dedicado años a la defensa de los derechos humanos en Sinaloa y en algún tiempo fue presidente de la Comisión Estatal de Derechos humanos, pone el dedo en la llaga al decir: "Estamos hablando de una verdadera situación de emergencia; el promedio de personas asesinadas diariamente en Sinaloa es de siete".

La crudeza del relato de la madre de un muchacho asesinado, de apenas 16 años, provoca espanto. Los hechos narrados por su hermano, sobreviviente de la masacre, son sobrecogedores. Lamentablemente, es sólo un episodio de tantos de la guerra en las calles de Culiacán.

César Herrera Camacho, hermano mayor de la víctima,

había decidido reparar la camioneta de su madre. Fue un mal día, él y Cristóbal estuvieron en el lugar y el momento equivocados. Un comando llegó al taller mecánico y en un par de minutos asesinó a nueve personas, entre ellos el encargado, clientes y trabajadores.

"Iba a ir nada más mi hijo el mayor, pero ellos siempre andaban juntos; ya se iba cuando Cristóbal le dijo: 'Espérame, voy contigo' ", recuerda Alma Trinidad Herrera. "Se fueron los dos poco antes de las 11 de la mañana. No localizaban el taller, era la primera vez que iban a ese lugar. Este muchacho, Jesús Alfonso López Félix, compañero en la universidad de César, salió en medio de la calle a hacerles señas de que ahí era el taller. Tenían cerca de 15 minutos de estar ahí, cuando llegaron esos hombres armados."

César temió por su vida. En cuanto vio venir a los hombres buscó refugio; tuvo suerte al decidir esconderse debajo de una patrulla que reparaban en el taller. A su madre y a las autoridades les ha relatado lo que alcanzó a observar desde donde se ocultó, el vertiginoso ataque de un comando que disparó sus armas sin que sus víctimas ofrecieran resistencia alguna.

"Mi hijo fue el único que logró sobrevivir; mataron a nueve personas. Dice que escuchó como truenos, como cohetes. Miró a los hombres armados que entraban disparando al taller. Los primeros en caer fueron el encargado del taller, y el profesor Ochoa Casillas y su hijo, quienes también murieron en la masacre. Su hermano Cristóbal corrió hacia el fondo del local, pensando que no iban a entrar a disparar. Afortunadamente César se escondió bajo la patrulla que estaban reparando. Fue testigo de cómo remataban a todo aquel que encontraban herido."

La proximidad de la muerte, el cuerpo caído del compañero de la universidad, del amigo, desangrándose. El cargador del arma que uno de los asesinos olvida cerca, demasiado cerca, ante las apremiantes instrucciones de marcharse cuanto antes de quien daba las órdenes en el comando.

"Luego de un rato sale de su escondite, mira la escena, es tremendo, los cuerpos, la sangre. Todavía alcanza con vida a Jesús Alfonso, su amigo, con quien estudiaba contabilidad. Estaba destrozado, un brazo arrancado. Le pide le eche aire, lo último que le dice es que siente que se ahoga. Ese muchacho quedó en brazos de mi hijo."

César miró a su alrededor la devastadora escena. El comando cumplió su misión.

"Teme lo peor, corre a buscar a su hermano. Lo encuentra tirado, boca arriba, con los ojos abiertos; no le miraba ningún impacto de bala, pero al tomarlo se da cuenta de que sangra mucho, de que está muerto. Tenía 16 años, sólo 16 años", continúa la madre de ambos: del único sobreviviente de la masacre y del más joven de los asesinados.

Alma Trinidad Herrera Camacho exige justicia.

"El expediente está igual que cuando se iniciaron las averiguaciones, con puras declaraciones de familiares de las víctimas. Realmente no hay avances. Ellos me dicen que las armas de donde proceden las balas con las que mataron a los nueve que murieron en el taller son las mismas usadas en otros eventos. En 20 distintos crímenes. A pesar de eso, la investigación no ha avanzado."

ALMA ROSA ROJO MEDINA recuerda la llamada que su hermano desaparecido hizo a su hija Loreto, un par de horas después de convertirse en uno más de los muchos *levantados* en Sinaloa. Miguel Ángel Rojo Medina, de 47 años, salió de Culiacán para dirigirse al poblado Estación Obispo, donde se le vio por última vez el 4 de julio del año 2009. En esa llamada, Miguel Ángel preguntó a su hija cómo estaba, le dijo que iba rumbo a Culiacán con unos amigos. Fue todo.

"Llegó al poblado de Estación Obispo, a la casa de una mujer con la que vivía. De ahí lo *levantaron*. Hasta ahora no sabemos nada, nadie sabe nada. Hemos incluso presentado algunas pruebas para ayudar a que lo encuentren, pero no hay respuesta por parte de las autoridades."

Nadie sabe lo que ocurrió aquella noche. Miguel Ángel fue a buscar un par de botellones de agua. Volvió, pero no entró a su casa; de ahí se lo llevaron. Nadie vio nada, ni nadie quiere saber nada. Fue como si el hombre se hubiera disuelto en el aire, como muchos de los desaparecidos que podrían sumarse a las 34 mil víctimas de la violencia del narco en los últimos tres años.

"A los cuatro días recibimos en mi casa una llamada. Contestó mi hija, era del celular de Miguel Ángel. No era él, era un hombre al que otros le decían que nos dijera que ya no lo buscáramos, que lo habían matado y que iban tras otros. Lo hemos buscado en montes, en canales, en donde pensamos que puede haber quedado su cuerpo."

La investigación se encuentra detenida, ni siquiera se ha establecido de forma certera una relación de las llamadas que realizó Miguel Ángel desde su teléfono celular.

Alma Rosa está desesperada ante la ineficacia de las autoridades, la nula investigación, el posible encubrimiento.

"No han hecho nada, en el expediente sólo está mi declaración y la de la mujer con la que vivía mi hermano, y nada más. Hay cosas, hay información que yo les he proporcionado, pero no han hecho nada."

ES COMÚN oír que en México vivimos un proceso de "normalización de la violencia". Imaginamos que se trata de que podemos desayunar con los muertos del narco cada día y luego salir a trabajar sin inmutarnos. Lo cierto es que el proceso resulta mucho más complejo y peligroso para la convivencia. En Sinaloa, la normalización de la violencia ha sumado muertos y desaparecidos a la negra cifra de los crímenes que están lejos de ser resueltos.

Tomás Guevara, investigador de la Universidad Autónoma de Sinaloa, reflexiona sobre la violencia desde la perspectiva de la sicología social: "Me contaban el caso de un chavo que violó a una muchacha y después siguió hostigándola. La familia no pudo meterlo a la cárcel por la impunidad, por todo lo que gustes y mandes. Lo que hicieron fue retirar todas las demandas. Ya el chavo no se escondía. La muchacha lo llamó, le dijo: 'Te quiero ver', y amaneció *encobijado*".

Uno más de los *encobijados* en Culiacán.

Guevara explica lo sucedido: "La gente entiende que hay otra forma de resolver las cosas. La violencia que imponen los narcos, la familiaridad con la que se mira, genera el traspaso casi mecánico de esa forma de violencia para la solución de otro tipo de conflictos que nada tiene que ver con el crimen organizado".

Norma García Castro insiste en que el móvil del homicidio de su hijo, el arquitecto Abelardo Miramón García, no fue el robo, y menos el narcotráfico. "El caso no avanza, los investigadores me han dicho que toparon con pared. A mi hijo lo asesinan en un negocio llamado Digital Center; ese negocio era de su esposa. Ella le dio las llaves para que ese día, la mañana del 27 de marzo, abriera el negocio. Quince o 20 minutos más tarde llegan los asesinos. La secretaria que fue testigo de los hechos dice que llegaron preguntando por él."

Todo transcurrió deprisa. Sometieron a ambos, los tiraron al piso, los colocaron boca abajo. Le dispararon sólo a Abelardo. Una ejecución.

"Al principio los investigadores andan a todo lo que da trabajando en el caso, pero de pronto se detienen. Les pregunto qué está pasando y me responden: 'Señora, es que no es posible', pero dentro de la procuraduría hay una persona que, cuando vamos a dar un paso para investigar, nos dice: 'Ahí no se metan'."

Investigaciones que no avanzan, el temor de toparse con

quienes detentan el poder fáctico, personajes del crimen organizado… Nadie ha llamado a declarar al dueño del taller donde se perpetró la masacre del fraccionamiento Los Pinos. Tampoco se indaga sobre el paradero de uno de tanto *levantados*. ¿A quién le importa hacer justicia?

Norma García Castro: "Sufrimos una enorme frustración por nuestra impotencia. Se tiene la esperanza y la confianza de que las autoridades, quienes tienen la facultad para investigar el caso, lo hagan. Nosotros por nuestra cuenta tratamos de ver por qué y cómo ocurrieron los hechos. Los elementos que pudimos obtener se los dimos a los investigadores. Ellos saben bien cómo está el asunto, qué fue lo que pasó, pero no se atreven a hacer nada".

Alma Rosa Rojo Medina: "Cada que voy a la Ministerial salgo con las manos vacías, sin saber nada".

Alma Trinidad Herrera: "Los ministeriales que investigan lo de la masacre tienen miedo porque ellos se quedan aquí. Nos han dicho que sería mejor que interviniera la SIEDO; fue un suceso donde participó un grupo armado y usó armas de uso exclusivo del Ejército. Insisten en que tiene que intervenir la SIEDO. Tienen miedo".

VIII. En Reynosa no pasa nada

DE PRONTO es el silencio. Nadie quiere hablar. El presidente municipal Óscar Luebbert se ve limitado por una abultada agenda. En el Centro de Estudios Fronterizos para la Promoción de Derechos Humanos no toman el teléfono. La entrevista con Rebeca Rodríguez queda suspendida. Ni los maquiladores, ni la Coparmex, nadie quiere hablar de lo que pasa en Reynosa. Todos quisieran que después del terror de los rumores, de la cruda realidad de las ejecuciones y los enfrentamientos todo volviera a la normalidad, al silencio cómplice de una ciudad donde el crimen organizado, el narco, impone la ley de la violencia.

Hace unos días la ciudad parecía tranquila, todo en sospechosa calma.

—¿Cómo se encuentra la gente de Reynosa? ¿Qué tal les va? —pregunto a Gildardo López, presidente de la Canaco local, en la que se agrupan los comerciantes de la ciudad.

Es una entrevista telefónica, un recurso para buscar información sin tomar demasiados riesgos. Los periodistas dedicados a la cobertura de temas de violencia social, en un país donde han muerto más de 34 mil personas en la llamada "guerra del narco" desatada por el actual gobierno, necesitamos reconocer esta realidad y establecer estrategias para poder hacer nuestro trabajo en condiciones de precaria seguridad.

—Sigue nublado, pero hay mucha actividad. La gente volvió salir a la calle, hay mucho tráfico. No te puedo dar un dato todavía sobre el posible repunte de la actividad económica, pero el día de hoy hay mucha actividad, gente en las calles, creo que estamos regresando a la normalidad.

Todas aquellas personas que no respondieron a mis llamadas de seguro lo hicieron con el propósito de que la "normalidad" volviera a Reynosa. De que las pugnas entre las organizaciones criminales, la presencia del Ejército y el despliegue policiaco, derivados de los enfrentamientos más recientes, no fueran una cruel demostración de que en la ciudad desde hace años quienes ejercen el verdadero poder son los criminales, de que la "plaza" les pertenece, como buena parte de la región de la frontera chica tamaulipeca, donde además del negocio del narcotráfico prosperan la extorsión, el secuestro, la venta de piratería y hasta el robo a Pemex.

Pregunto a Gildardo López sobre la corrupción policiaca.

—La corrupción se da porque tienen que entrar a un esquema, no pueden con ese crimen que está muy bien organizado —dice.

Desde hace años, los llamados *polizetas* trabajan para quien mejor les paga. Las organizaciones criminales disponen de ellos para labores de vigilancia y sicariato, es una legión de hombres armados a bordo de patrullas equipadas que actúan con la impunidad que ofrece la placa. A ese esquema se refiere el presidente de la Canaco y en Reynosa nadie se atreve a negarlo.

—Aquí en la ciudad, lo que son los asaltos a casas habitación, los robos callejeros, los asaltos a mano armada, los asaltos a tiendas de conveniencia, todo eso, te quiero decir que tenemos un año y medio que no se da. Eso está muy aplacado. La policía hace su labor de prevención en cuanto a los delitos menores, pero con el otro delito ni se mete —agrega Gildardo López, para referirse luego a las caravanas de lujosas camionetas de las huestes del narco que circulan por las calles de la ciudad—: Si los llegan a ver pasar, se hacen disimulados; haz de cuenta que están ciegos.

Ciegos y mudos. Nadie quiere hablar de lo que ocurre en Reynosa, pero ahí están los hechos, las consecuencias no sólo del combate por la plaza entre los Zetas y el Cártel del Golfo, con sus respectivos aliados y enemigos, sino del silencio que nace del temor.

—De pronto nos sentimos que ya nos estábamos acostumbrando a lo que estaba sucediendo (al control de la plaza por los delincuentes), pero ahora la inseguridad está muy fuerte. Las bandas siguen disputando los terrenos locales y uno como sociedad civil queda en medio de estas situaciones aun siendo totalmente ajeno a lo que sucede.

Gildardo López subraya que las ventas han caído en un 70 por ciento.

Con un par de palabras este hombre describe lo ocurrido desde que la violencia se desató en Reynosa:

—Tenemos miedo.

La disputa por el control de esta zona del país, el viejo territorio del Cártel del Golfo, ha llegado también a Nuevo León, a la zona urbana de Monterrey, al corredor de la ruta usada para el trasiego de la droga y a los municipios que antes eran controlados "por los de la letra", como me dice un ex funcionario de Seguridad Pública de Escobedo, Nuevo León.

LO DEL SILENCIO y las amenazas del crimen organizado, lo de los atentados en contra de los periodistas en Reynosa, se inició hace años y ha tenido como resultado la autocensura en los medios y la propagación del miedo en la sociedad.

Balbina Flores, corresponsal de la organización Reporteros sin Fronteras, ha documentado los atentados al derecho a la información sufridos por los colegas periodistas en Reynosa.

—Tenía pactadas una serie de entrevistas en Reynosa, debido a las agresiones sufridas por un par de colegas de *Milenio* —le cuento a Balbina—. Decidí hacerlas vía telefónica, hasta ahora nadie ha respondido a mis llamadas, ni el presidente municipal, ni la gente de las organizaciones defensoras de los derechos humanos, tampoco los empresarios...

—No quisiera pensar que esto es consecuencia de lo que ocurre en Tamaulipas, donde desde hace varias semanas, varios medios de comunicación, sobre todo de la prensa escrita, han dado cuenta de un repunte de la violencia. Lo que ahora vemos y registramos también es un repunte en la autocensura, el silencio de los medios en esa zona.

Los funcionarios públicos están obligados a informar. Las consecuencias de su silencio en una realidad como la que ahora se vive en Reynosa pueden ser funestas.

—Las autoridades tienen que dar la cara —dice Balbina—. Su silencio está manifestando el temor de la población, pero también el temor de la autoridad.

A lo largo de 12 meses, de 2005 a 2006, la muerte acompañó a los periodistas en Tamaulipas. Murieron nueve colegas asesinados.

—Un año antes, en marzo del año 2004, fue asesinado el director editorial del periódico *El Mañana,* en Nuevo Laredo, Roberto Mora García. Esto tuvo consecuencias muy lamentables. Nosotros ubicamos desde ese mismo año una situación de autocensura que se estaba generando en el norte del país. En ese entonces documentamos una situación de alto riesgo en Baja California, Sonora y Tamaulipas. Notamos que esta situación tendía a incrementarse sobre todo en Tamaulipas.

Era el principio del silencio, ese silencio que propicia rumores y extiende el miedo. El miedo, siempre útil para el control político. Una herramienta de los poderes fácticos que imperan en Reynosa y otras ciudades de Tamaulipas.

—Sabemos que el periódico *El Mañana* decidió no publicar más información sobre el narcotráfico —continúa la corresponsal de Reporteros sin Fronteras en México—. Después del asesinato de Roberto Mora, fue asesinada la periodista Guadalupe Escamilla, en 2005. Luego de este homicidio, hubo un atentado en contra de un diario en Nuevo Laredo. Es indudable que estos asesinatos y atentados tuvieron un grave impacto en la prensa de toda la frontera y particularmente de Tamaulipas. El impacto de la imposición del silencio.

—¿Qué tan grave es que nosotros optemos por la autocensura en los medios? ¿Qué tan grave es que las autoridades asuman la política del avestruz?

—Es gravísimo. En el momento en que una sociedad pierde el derecho fundamental a la información, pierde uno de los valores más importantes en la democracia. Se está poniendo en riesgo la democracia del estado de Tamaulipas, pero con estos hechos también se está poniendo en riesgo la democracia de este país. Se le está negando a la sociedad el derecho a la información, pero también se está negando el derecho a informar. Esta situación se está enfrentando también en otras entidades como Chihuahua, Guerrero, Michoacán, Veracruz, Coahuila y Durango. Tendríamos que estar en alerta roja por lo que pasa en Tamaulipas. Lo que ha generado el silencio de las autoridades son rumores, y los rumores, psicosis, una psicosis en la sociedad que puede tener las peores consecuencias.

IX. Tortura

LA SENSACIÓN DEL ABANDONO de Dios, del más profundo de los desamparos. La tortura lastima el cuerpo, pero sus efectos más profundos dislocan lo que puede considerarse el entendimiento, la conciencia de quien se es y del entorno. La tortura es la reiterada muerte provocada por el dolor, el saberse indefenso y cautivo a expensas del verdugo y sus métodos.

"Estas personas no llevan a cabo trabajo de inteligencia. Las agresiones, la intimidación han sido recurrentes, no hacen labor de campo, se coluden los Ministerios Públicos, los abogados de oficio y los militares para presentar a la sociedad hechos falsos. Estuve 83 días fuera de mi casa, tuve mucho tiempo para pensar, para mortificarme, para sufrir los daños de la tortura, de estos sucesos, cuando estuve en las instalaciones militares pensé que Dios me había abandonado."

A Ricardo Castellanos Hernández lo presentaron en la Segunda Zona Militar el 15 de septiembre del año 2009. Fue incomunicado. Los interrogatorios comenzaron minutos después de haber llegado a las instalaciones militares. Le vendaron los ojos, lo amarraron de pies y manos.

La memoria guarda algunos detalles, como el olor, un aroma acanelado, de la habitación en la que se encontraba el delgado colchón donde la víctima era sometida. O aquel comentario del torturador, quien dijo a los hombres que lo asistían que estaba harto de no dormir en las noches, agobiado por constantes insomnios.

Lo despojaron de su arma, luego lo llevaron ante el alto mando encargado de su captura. Pasaban de las 18:30 horas, el turno comenzaba de la peor manera posible.

"El comandante se paró frente a la tropa, preguntó: '¿Quién es Ricardo Castellanos?' Me acerqué. Sin decirme nada, me condujo caminando hacia la camioneta en donde se encontraba el director Gustavo Huerta. Al notar mi presencia, este señor abre la puerta del lado derecho, desdobla un pequeño papel y me pregunta si soy Ricardo Castellanos Hernández. Le respondí que sí. 'Entrégale tu arma al comandante; tienes una orden de presentación del Ministerio Público', me dice, sin mostrarme ningún documento oficial. Luego ordena: 'Súbete a la camioneta que está aquí atrás'. Era una camioneta blanca, tipo pánel. Obedecí, dentro de la camioneta estaban tres de sus escoltas. Los compañeros sólo me dijeron: 'Agacha la cabeza'. Nos trasladamos a la Segunda Zona Militar. Ingresamos por la entrada principal; el vehículo en el que me trasladaban se estacionó frente a la puerta del edificio que se encuentra a un lado de la entrada. Inmediatamente, entre siete y nueve militares rodearon el vehículo, todos encapuchados, inclusive algunos llegaron todavía acomodándose la capucha."

LA CAPTURA de Ricardo Castellanos, la tortura sufrida, los interrogatorios y las incriminaciones de que fue objeto al rendir su primera declaración formaron parte de un patrón de acciones seguidas presumiblemente por personal del Ejército y del Ministerio Público Federal. Parte de una estrategia destinada a la captura de capos del narcotráfico y la limpia de la policía municipal de Tijuana. Amnistía Internacional acreditó el caso de los agentes de la policía municipal detenidos entre el 21 y el 27 de marzo de 2009 en el documento *México. Nuevos informes de violaciones a los derechos humanos a manos del ejército.*

"Según afirmaron 25 agentes, durante su detención inicial en la base militar fueron sometidos a constantes torturas y malos tratos por personal del ejército para intentar conseguir falsas confesiones e información que implicara a otros agentes en la comisión de delitos o que firmaran declaraciones sin leerlas", dice el mencionado documento, publicado en diciembre de 2009.

Ricardo Castellanos está lejos del caricaturizado prototipo del policía mexicano; dice que le gusta el ejercicio, que perdió muchos kilos durante su cautiverio. Algo difícil de explicar enturbia su rostro joven... quien ha sentido cerca la muerte no lo olvida. Por momentos duda, el silencio congela su testimonio; entonces parece atrapado por los dolorosos recuerdos. Prosigue. Su tono más bien llano, lejos de cualquier aspaviento, hace todavía más cruel la narración.

Fue otro policía quien señaló a Ricardo, quien dio su nombre a los torturadores: "Él firmó una hoja en blanco; por mi abogado, sé que después se retractó. Más allá de aquella diferencia que tuvimos, nada que ver con esto, entiendo su situación, sé por lo que pasó y no le tengo ningún rencor".

El 8 de diciembre de 2009, la Comisión Ciudadana de Derechos Humanos del Noroeste y la Comisión Mexicana de Promoción y Defensa de los Derechos Humanos denunciaron a la Comisión Interamericana de Derechos Humanos, instancia de la OEA, "las graves violaciones a los derechos humanos de ciudadanos bajacalifornianos, policías y civiles, en la modalidad de tortura y otros tratos crueles, inhumanos o degradantes, presumiblemente cometidos en su contra por personal militar en la Segunda Zona Militar en Tijuana, en los cuarteles Morelos y Aguaje de la Tuna, entre los meses de marzo y septiembre del presente año".

Por esas fechas, el teniente coronel Julián Leyzaola ocupaba el cargo de secretario de Seguridad Pública Municipal. El nombramiento de quien, entre otros cargos, fuera el director de la policía estatal preventiva y del Centro Penitenciario de El Hongo generó la posibilidad de una estrecha colaboración con el comandante de la Segunda Zona Militar, el general Alfonso Duarte Mújica. Después de haber concluido su gestión al frente de la policía municipal de Tijuana, Leyzaola ocupa hoy la Subsecretaría de Seguridad

Pública a nivel estatal. Su nombramiento fue dado a conocer al final de una reunión del Consejo Estatal de Seguridad Pública, en la cual lo avalaron el gobernador José Guadalupe Osuna Millán y el mencionado general Alfonso Duarte Mújica.

"ABRIERON LA PUERTA de la camioneta y uno de ellos me dijo: 'Bájate, cabrón'. Me revisaron de pies a cabeza. Después me introducen al edificio. Me ordenan: 'Híncate'. Primero me ponen papel sanitario alrededor de la cabeza para cubrirme los ojos, posteriormente una cinta adhesiva, luego algodón debajo de los ojos. No tenía visibilidad alguna. Desde ahí fueron los malos tratos, las malas palabras. La manera en que ellos se dirigían a mí siempre fue ofensiva. Me llevaron a una habitación, conozco la ubicación de esta habitación dentro de este edificio. Está alfombrada. Lo que recuerdo muy bien es su olor, un olor acanelado, mezclado con otra hierba aromática; era un olor muy característico. En ese lugar hay una persona a la que me refiero como 'la voz'. Esa persona es quien lleva a cabo los cuestionamientos, era quien directamente aplicaba la tortura. Esta persona se quejaba de que casi no dormía."

Una operación preparada, en la que participa personal entrenado, un profesional de la tortura, que cuenta con el apoyo de varios asistentes. "La voz" se encarga de las preguntas (y de cómo obtener las respuestas que necesita).

La metódica labor del torturador y sus secuaces. El sometimiento de la víctima. Cegarla con el propósito de hacerla sentir vulnerable.

"Lo primero que ordena esta persona es que me quiten la chamarra y la camisa del uniforme; yo me quedé en pura playera. Me quitaron las esposas, pero me sujetaron las manos por atrás con una especie de cinta adhesiva, pero de mayor resistencia, que en algún momento traté de romper sin conseguirlo; fue muy desesperante. Después me pusieron algodón en la nariz. En todo momento cooperé con estas personas, la verdad, hasta para facilitarles lo que posteriormente vendría a ser la tortura, válgame Dios. Había un colchón delgado; al momento de acostarme en ese colchón me *enteiparon* las rodillas y los pies; más que sentir miedo, estaba sorprendido por lo que me estaba sucediendo."

Palabras acuñadas por la violencia de nuestros tiempos: *enteipado*.

"Cuando me pusieron una cobija encima sentí mucho miedo, me cubrieron con esa cobija del cuello hacia abajo. Inmediatamente después siento el peso de varias personas, una persona en los pies, otra persona en las rodillas y una tercera persona, la cual apoyaba su pie con mayor o menor fuerza sobre mi pecho; pienso que quizá se sujetaba de algo para hacerlo. Sólo una de esas personas hacía las preguntas en ese lugar. Era 'la voz'."

Profesionales de la tortura en un cuartel militar.

"Esta persona me pregunta: '¿Dónde está el *Teo?*' A mí me aseguran cerca de las seis y media de la tarde; 30 minutos después ya me estaban torturando. Esta tortura consistió principalmente en la aplicación de una bolsa de plástico en el rostro; lo sé porque así lo decía él, 'la voz'. Les decía 'Pásame la bolsa' a los elementos que se encontraban en el interior de aquella habitación. Pienso que todos los que se encontraban ahí eran militares; eran alrededor de seis personas. Considero que 'la voz' era el mando."

El interrogatorio: una pregunta tras otra. Los efectos de la sofocación, el temor a morir asfixiado.

"Para las preguntas que él me formulaba no tenía respuesta. Me preguntaba por personas civiles, únicamente con su apodo; también me preguntaba por muchos compañeros. Inclusive me llegó preguntar por un compañero únicamente dando como característica el número de una patrulla. Le dije: 'No sé quién es'. 'Es el mismo que anda con una muchacha, con una morra', insistió. Le respondí entonces: 'Hay que preguntarle a ella'. Con ese tipo de respuestas esta persona se molestaba. Volvió a preguntarme: '¿Dónde está el *Teo*?' Como no le respondí, me dijo: 'Ahorita vas a saber'. Sentí la opresión del plástico sobre mi rostro, cómo se hundía mi cabeza en ese colchón en que me encontraba recostado. Él me sujetaba con sus piernas, con sus rodillas, evitando que moviera la cabeza. No podía respirar. Con el poco aire que me quedaba en los pulmones, alcancé a gritar '¡Por favor…!' "

La frialdad con la que Ricardo narra lo ocurrido aquí se hace añicos; las palabras que meditó por tanto tiempo durante un arraigo de largos 40 días naufragan en el silencio del vivo dolor. Es la única vez que el ex policía se "quiebra" cuando da cuenta de aquella noche del 15 de septiembre de 2009 en el cuartel Morelos de la Segunda Zona Militar.

"Esto se repitió muchas veces. Cuando 'la voz' aplicaba la bolsa sobre mí, llegué a sentir golpes en mi rostro. Únicamente miraba una luz blanca ante mis ojos. Francamente, mientras más tiempo pasaba, mi lucidez disminuía. Estas personas te hacen pedazos sicológicamente."

La denuncia de la Comisión Mexicana de Promoción y Defensa de los Derechos Humanos y la Comisión Ciudadana de Derechos Humanos del Noroeste, presentada ante la Comisión Interamericana de Derechos Humanos, señala un hecho fundamental olvidado en lo que puede considerarse las trincheras de la guerra en contra del narcotráfico, como esa habitación de extraño olor acanelado de las instalaciones del cuartel Morelos en la Segunda Zona Militar de la ciudad de Tijuana... "Estamos de acuerdo que el Estado mexicano persiga y aplique todo el peso de la ley a los criminales, a los narcotraficantes y a sus cómplices, sean policías o civiles; sin embargo, el derecho y el deber de garantizar su propia seguridad debe ejercerlos dentro de los límites y conforme a los procedimientos que permitan preservar tanto la seguridad pública como los derechos fundamentales de la persona humana."

La tortura continuó.

"Fueron varias horas, 'la voz' me hacía preguntas sin sentido para las que yo no tenía respuesta. Muchas veces mis respuestas fueron falsas con la finalidad de que cesara la tortura. En algún momento, esta persona les gritó a sus compañeros, a los elementos que ahí se encontraban: 'Tráete al doctor porque a este cabrón se le va a parar el corazón'. No puedo recordar cómo fue esto, simplemente me quedé dormido; desperté sintiendo una descarga eléctrica. Me preguntaba si iba a morir."

NOS CONOCIMOS en Tijuana, una fría tarde de enero, cuando me encontré con algunos de los familiares de 25 policías y cuatro civiles detenidos y torturados de forma similar. Al preguntarle a Ricardo cómo había logrado su liberación, éste agradeció el trabajo de la gente de la Comisión Ciudadana de Derechos Humanos del Noroeste.

Los testimonios recabados por esta organización civil no dejan lugar a dudas: se siguió un patrón de violaciones a los derechos fundamentales de estas personas, iniciado con su detención ilegal y su incomunicación. De acuerdo con sus testimonios, los métodos de tortura fueron similares en la mayoría de los casos.

"Los actos de tortura denunciados por el grupo de 25 policías municipales de Tijuana, según sus testimonios, fueron ejecutados por el grupo GOPE de inteligencia militar, señalando los apodos de *El Tortas* y *El Matute,* contando con un médico 'resucitador' de sanidad militar (se señala al teniente Fernando Coaxín Hernández). Las sesiones fueron conducidas por el agente del Ministerio Público Federal, Marco Antonio Zepeda, que es quien presuntamente autorizaba la tortura y dictaba las declaraciones que se habrían de arrancar y firmar por los detenidos, y, finalmente, el defensor público adscrito acudía sólo a firmar las diligencias, simulando la debida defensa y haber asistido a los imputados en su declaración", se afirma en la mencionada denuncia presentada a la Comisión Interamericana de Derechos Humanos.

LA TORTURA como método de fabricación de culpabilidades. El recurso para ocultar la ineficacia, la ausencia de una auténtica investigación. Por la fuerza del dolor se llega a la delación. Luego viene el montaje con personajes que desempeñan roles en ese drama de falsa legalidad. ¿Quién escribió el guión de esa singular puesta en escena, con qué motivos? ¿Qué se buscó con la captura de los policías de Tijuana, 12 de ellos ya exonerados de su presunta culpabilidad?

Los relatos de los familiares de los policías detenidos demuestran un patrón seguido, se trató de una acción planeada, un golpe con el que se buscó erradicar la corrupción policiaca, de claros efectos mediáticos.

"Mi nombre es Blanca Mesina. Mi papá es el señor Miguel Ángel Mesina. Como jefe de delegación, todas las mañanas tenía que rendir un parte de novedades al director de Seguridad Pública, Gustavo Huerta. En esa reunión, a él y a otros cuatro compañeros suyos, también jefes de delegación, les pidieron que se quedaran. Cuando salieron los demás, les dijeron que dejaran sus pertenencias, que iban a trasladarlos para realizar unas investigaciones. Respondieron que podían ir por sus propios medios, únicamente que les entregaran el oficio donde se les requería. Les dijeron que no hicieran *panchos,* que no existía eso y tenían que trasladarlos.

"Los subieron a vehículos particulares del director de Seguridad Pública. Fueron trasladados al cuartel de Aguaje de la Tuna; ahí los dejaron con los militares. Ellos les vendaron los ojos, los trasladan a un cuarto. Ahí los torturan para obtener de ellos declaraciones autoincriminatorias o para que señalen a otros de sus compañeros.

"Nosotros ignorábamos por completo dónde estaba, nos habían dicho que estaba en el cuartel Morelos. Fuimos a preguntar y nos dijeron que no, que no habían llevado a nadie. En la PGR también nos dijeron que no había nadie. Nos mandaron al cuartel de Aguaje de la Tuna; nos dijeron que no tenían a nadie; insistieron en que si queríamos entrar, adelante, pero que no habían llevado a nadie. Cinco días después supimos que mi padre sí se encontraba en el cuartel de Aguaje de la Tuna."

"MI NOMBRE es Jessica de los Cobos. Mi esposo es Gerardo Garduño y él era jefe de Otay. Los tuvieron durante tres días ahí sin comer, sin agua; los golpearon, los maltrataron, toques eléctricos; los asfixiaban con bolsas de plástico. En el caso de mi esposo, dos veces lo tuvieron que revivir porque se les estaba pasando la mano. El temor de ellos era que si se llegaba a morir alguno cuando los torturaban, lo iban a tirar por el Boulevard Dos Mil, para que creyeran que era algo del narcotráfico.

"Oía que torturaban a otros compañeros suyos; los tenían bocabajo, se les subían dos o tres personas encima, los golpeaban, trataban de que señalara a otros policías; él nunca señaló a nadie. Mi esposo duró 16 años en la policía.

"Cuando los visitábamos, un soldado estaba con nosotros muy cerca tomando nota de todo lo que decíamos. Cuando nos abrazábamos, mi esposo se alejaba, debido al dolor causado por los mismos golpes. En voz baja me decía: 'No digas nada', por temor a las posibles represalias en contra de nosotros."

"MI NOMBRE es Martha Salgado. Actualmente soy policía municipal. Mi hermano Víctor Hugo Salgado García fue detenido por el capitán Huerta; estaba en servicio. Lo que pasó es que detuvieron a un tipo, lo torturaron, le dijo: 'Ya no me golpees, yo te voy a decir quién es mi jefe, le dicen así y así, trabaja en la Delegación de Playas'. Le enseñaron una carpeta con puros policías de Playas y dijo: 'Éste es mi jefe, éste es'. Le peguntaron: '¿Cómo se llama?' Dijo que no sabía, que le decían *El Ortegas* y trabajaba en Playas. Con la declaración de esta persona, que a decir de ellos detuvieron con armas y drogas, va el capitán Huerta, jefe de la municipal, le manda hablar. Mi hermano era escolta de un supervisor. Cuando regresa a la Delegación, le dice que deje su arma. Compañeros que estuvieron presentes dicen que él pensaba que todo era una broma, no podía creer lo que pasaba.

"Lo esposaron, le pusieron una capucha en la cabeza y lo

llevaron al cuartel Morelos, donde fue torturado desde el primer momento. Al tipo que lo denunció lo carearon con mi hermano. Después le mandó decir que lo disculpara por haberlo señalado, pero la verdad era que le estaban poniendo una *putiza* y que nada más señaló la foto a lo *pendejo* y pues ni modo."

DÍAS DESPUÉS de ser detenidos e incomunicados, por fin los familiares encuentran a los policías. Visitas de cinco minutos, bajo vigilancia. Con todas las precauciones posibles, los testimonios de las víctimas de tortura son escritos en misivas entregadas a sus esposas, sus hijos, sus hermanos.

"Me *enteiparon* los ojos y las manos; el *tape* me cortaba la piel de las manos, mis dedos no los sentía, luego me envolvieron en una cobija todo completo y me empezaron a golpear en todo el cuerpo, me golpearon entre seis hombres por horas, perdía la noción del tiempo; en seis ocasiones me desmayé, como no firmaba lo que ellos querían me siguieron golpeando, no sé por cuánto tiempo […]; me quitaron las botas y mis pies los metieron a una vasija con agua, luego pusieron cables de electricidad y eso siguió por horas […]; me pusieron cables de electricidad en mis testículos […]; yo sentía que me iban a matar, firmé con los ojos *enteipados*. Hoy no siento los dedos de mi mano derecha."

La tortura no se olvida. Las secuelas físicas permanecen. Pero quizá lo peor es el miedo.

Gustavo Huerta, señalado por algunos de los familiares de

los policías detenidos como la persona que los entregó al Ejército, es hoy el titular de la Secretaría de Seguridad Pública de Tijuana.

Ricardo Castellanos, ex policía, dice: "Cuando me ingresan a esa habitación, al voltear a los lados descubro que una persona se encuentra atrás de mí; esta persona es un militar, me dice: 'Mantén la vista al frente'. Ya sabes lo que tienes que hacer; era un militar. Sale este Ministerio Público, deja la puerta entreabierta, se para frente a él un militar. Para ese entonces eran las últimas horas del día 16; por el silencio que había en los pasillos y en el mismo edificio, pude escuchar la voz de este militar que se encontraba con el Ministerio Público. Tenía insignias, pero no recuerdo cómo eran. No podía verlo bien, trataba de ser discreto. Me di cuenta de que le entregó un papel al Ministerio Público. Era mi declaración. Al escuchar la voz de este militar, me doy cuenta que es quien me aplicaba la tortura y me hacía preguntas. Esta persona es de aproximadamente 1.75 metros de altura, de tez morena, delgado; apenas lo alcancé a ver. Su voz tiene un acento sureño, como de la gente que nació o ha vivido en la costa".

X. El fuero militar a juicio

EL SALDO DE CUATRO AÑOS de presencia del Ejército mexicano en las calles, de librar las batallas de una estrategia originada lo mismo por la corrupción de las corporaciones policiales que por la búsqueda de la legitimación política y la innegable urgencia de la recuperación de territorios perdidos ante el crimen organizado, es el de una creciente pérdida de las garantías individuales, de los derechos ciudadanos, en los frentes donde se libra la guerra del narco. Los casos de tortura, los allanamientos de morada, la violencia en contra de las personas se multiplican.

Raúl Plascencia, presidente de la Comisión Nacional de Derechos Humanos, describe el negro panorama de esta ominosa realidad:

—En estos últimos años, a propósito de que se decidió que el Ejército apoyara en labores de seguridad pública, dadas las condiciones de emergencia en las que estaban muchas corporaciones policiales infiltradas por el narcotráfico, se ha generado una dinámica distinta de la labor de las Fuerzas Armadas, llevando a cabo funciones policiales. Esto ha traído como consecuencia el que se hayan quintuplicado las quejas en los últimos cuatro años en contra de las Fuerzas Armadas, e inclusive que se haya generado el mayor número de recomendaciones en la historia de esta institución, las que suman 30 sólo durante el año 2009. Pero, más aún, el mayor número también en contra de cualquier otra autoridad en la historia de la Comisión Nacional de los Derechos Humanos.

—¿Cuáles son los estados en los que existe mayor número de quejas?

—Las quejas se encuentran concentradas en los estados de Chihuahua, Tamaulipas, Michoacán, Coahuila, Baja California y Sinaloa, fundamentalmente donde están estos operativos con mayor intensidad por parte de las Fuerzas Armadas colaborando con la autoridad civil.

—Hay un asunto que parecía superado, pero hoy la práctica de la tortura persiste...

—Lamentablemente, con esta situación de violencia por parte de los delincuentes, de acciones y reacciones por parte de las autoridades competentes, se han ido generando prácticas que parecían ya superadas en nuestro país. El tema de la tortura, el tema de las detenciones arbitrarias, el tema de los cateos ilegales. Todos estos temas están incrementándose en la tendencia de las quejas que se presentan en la Comisión Nacional de Derechos Humanos. El año pasado se emitieron varias recomendaciones a propósito de temas de tortura, a propósito de cateos ilegales, a propósito de detenciones arbitrarias. En ese orden de ideas, tenemos que trabajar de manera muy intensa para capacitar a los servidores públicos y dejarles muy en claro que no existe justificación alguna para que, con el pretexto de la lucha en contra de la delincuencia, se violen derechos humanos y que, por otra parte, no es válido combatir a la delincuencia cometiendo delitos.

De las más de cuatro mil quejas presentadas en contra del Ejército, de acuerdo con su propia información, sólo 62 terminaron en recomendaciones formuladas por la CNDH, apenas el 1.45 por ciento. En cuanto a las posibles sanciones a quienes resultaran culpables de abusos, en septiembre de 2010 en 39 casos la averiguación previa se encontraba en etapa de integración. Sólo en ocho casos se determinó ejercer acción penal.

Human Rights Watch presentó en el año 2009 el informe *Impunidad uniformada,* en el cual documentó una serie de casos sobre abusos militares. "En el marco de las actividades de seguridad pública, las Fuerzas Armadas mexicanas han cometido graves violaciones a los derechos humanos", sostiene el informe. "Una de las principales causas por las cuales estos abusos continúan ocurriendo es que los responsables no son sancionados. Y esta falta de sanciones se debe, en gran parte, a que la mayoría de los casos terminan siendo investigados por los propios militares."

LA HISTORIA del peso político del Ejército mexicano se remonta a la conclusión del proceso armado que devino en la Revolución Mexicana, una revolución, como lo diría

Adolfo Gilly, interrumpida, cuyo cauce culminó con la instauración de un sistema político que prevalece hasta hoy, en el que durante más de 70 años el PRI ocupó la cúspide de la pirámide de lo que bien llamó Mario Vargas Llosa *dictablanda*.

Los caudillos cedieron, los generales se retiraron a los cuarteles y un civil ocupó por primera vez la Presidencia del país. En la década de los años 40, los militares desaparecieron de los sectores del PRI. La consolidación de una estructura presidencialista, de pleno ejercicio del poder desde la cúpula sexenal, se afincó en el sistema político mexicano. El pacto sexenal entre distintas facciones abrió la posibilidad de reemplazos sin violencia. En este reacomodo de poderes, el Ejército mantuvo un espacio de autodeterminación y fuerza. El presidente en turno todavía hoy es el comandante supremo de las Fuerzas Armadas.

Sin embargo, en la Constitución de 1917 fue delimitado el mandato de las Fuerzas Armadas mediante el Artículo 129: "En tiempo de paz, ninguna autoridad militar puede ejercer más funciones que las que tengan exacta conexión con la disciplina militar…"

En el Artículo 13 se establecen los límites de la justicia militar, una clara definición sobre los alcances del fuero militar: "Subsiste el fuero de guerra para los delitos y faltas contra la disciplina militar, pero los tribunales militares en ningún caso y por ningún motivo podrán extender su jurisdicción sobre personas que no pertenezcan al Ejército. Cuando en un delito o falta del orden militar estuviese complicado un paisano, conocerá del caso la autoridad civil que corresponda".

Sin embargo, el Código de Justicia Militar, colocándose por encima de la propia Constitución, amplía la extensión del fuero militar. En los hechos abre espacios para una creciente impunidad.

El Artículo 57 del Código de Justicia Militar dice a la letra: "Son delitos contra la disciplina militar: Los del orden común o federal, cuando en su comisión haya concurrido cualquiera de las circunstancias que enseguida se expresan: a) Que fueran cometidos por militares en los momentos de estar en servicio o con motivos del mismo".

El alcance del poder de los militares, de su peso en el sistema político surgido después de la Revolución Mexicana, lo ilustra de manera perfecta la expedición del Código de Justicia Militar, publicado en el *Diario Oficial* del 31 de agosto de 1933. Abelardo L. Rodríguez, entonces presidente de la República, no necesitó que fuera discutido en el Congreso; aprovechó el hecho de que el mismo Congreso le confirió el uso de la facultad extraordinaria que le permitía expedir leyes y reglamentos relacionados con las Fuerzas Armadas.

"En otras palabras, nunca en la historia del México moderno la Asamblea Legislativa, donde están representados los mexicanos, ha discutido pública y abiertamente las normas que deben regir la justicia militar [...]; es de resaltar también que la ley donde se establece el marco jurídico de las Fuerzas Armadas es, en lo fundamental, la misma que fue expedida en 1933, hace más de 70 años." Esta cita procede del informe: *¿Comandante supremo? La ausencia de control civil sobre las Fuerzas Armadas al inicio del sexenio de Felipe Calde-*

rón, preparado por el Centro de Derechos Humanos Miguel Agustín Pro.

A MEDIADOS de abril de 2010 se realizó una reunión del más alto nivel, en la cual participaron miembros del Gabinete de Seguridad Nacional y la Junta de Coordinación Política del Senado. En esa reunión, de acuerdo con el testimonio de varios senadores, publicado en la prensa (*La Jornada*, 14 de abril de 2010), el titular de la Secretaría de la Defensa Nacional, Guillermo Galván Galván, dijo que se requería de un nuevo marco jurídico para afrontar el combate al narcotráfico. Un sustento legal dedicado a los generales que temían ser juzgados en el futuro.

Entrevistado por los colegas Víctor Ballinas y Andrea Becerril, en la mencionada nota, el diputado René Arce afirmó: "El general Galván ha sido muy claro; lo ha dicho por lo menos en tres ocasiones: quieren que el Congreso les dé todas las seguridades jurídicas para que lo que ellos están haciendo ahora en la lucha contra el crimen organizado el día de mañana no vaya a tener repercusiones. Así lo ha planteado una y otra vez".

Una de las razones de la preocupación del general Galván por establecer un nuevo marco legal para las acciones del Ejército en la guerra del narco lo fue, sin duda, la sentencia dictada por la Corte Interamericana en el caso Rosendo Radilla el 24 de noviembre de 2009. La Corte ordenó a las autoridades mexicanas adoptar en un plazo razonable las reformas necesarias para que los delitos y violaciones a los derechos de civiles perpetrados por militares sean juzgados por tribunales ordinarios.

Una elemental suma de acontecimientos ofrece conclusiones sobre lo que se buscó con la reforma al Código de Justicia Militar propuesta por el gobierno de Felipe Calderón…

Justo un mes antes de que se cumpliera un año de la sentencia dictada por la Corte Interamericana, el presidente Felipe Calderón envió al Senado una iniciativa de reforma al Código de Justicia Militar. Una reforma con la que, sin duda, también se busca dar "seguridad jurídica" al Ejército en su lucha contra el crimen organizado.

La reforma propone la posibilidad de que las investigaciones de militares acusados de cometer los delitos de desaparición forzada, violación sexual y tortura sean remitidos al Ministerio Público Federal. Sólo que: "cuando de las diligencias practicadas en la investigación de un delito se desprenda la probable comisión de alguno de los contemplados […] inmediatamente el Ministerio Público Militar, deberá a través de acuerdo respectivo, desglosar la averiguación previa correspondiente, precisando las constancias o las actualizaciones realizadas y remitirla al MP de la Federación…"

En los hechos, quien decide si remiten o no las posibles averiguaciones previas al Ministerio Público Federal de los presuntos delitos por desaparición forzada, tortura o violación sexual es el Ministerio Público Militar. La reforma propuesta por Calderón incluye la creación de la Policía Ministerial Militar, en la que recaerá la investigación de estos delitos. En la práctica, resulta un marco jurídico más amplio a fin de dar un soporte de legalidad a las acciones del Ejército.

De ser aprobada en sus términos iniciales, la propuesta de reforma al Código de Justicia Militar generará graves casos de impunidad. La prescripción del delito de desaparición forzada se establece a los 35 años, justo el tiempo transcurrido desde la década de los años 70, cuando ocurrió la atroz *guerra sucia*, hasta ahora. Vale recordar que la práctica de la desaparición forzada, según la sentencia de la Corte Interamericana en el caso Radilla, entonces fue sistemática y resultado de una estrategia del Estado mexicano en la que se involucró a altos mandos del Ejército mexicano.

Es URGENTE el control civil sobre el Ejército, la limitación de los alcances de su poder y gestión política de cara al final de un sexenio en el que su fuerza ha crecido. He aquí un par de datos que lo demuestran: en los últimos años, el número de militares aumentó de manera ostensible; si al inicio de la gestión de Felipe Calderón eran 180 mil, para mediados de 2009 el número llegó a 193 mil. En cuanto a los recursos financieros asignados a la Sedena, de acuerdo con un documento divulgado por la bancada del PRI en la Cámara de Diputados, el aumento alcanzó un 61 por ciento en los tres primeros años del gobierno actual. Si en el año 2006 esos recursos fueron de 26 mil 977 millones de pesos, para 2010 alcanzaron la suma de 43 mil 632 millones de pesos.

Segunda parte

La caja de Pandora

Alcaldes asesinados

EN LOS ÚLTIMOS DOS AÑOS, en las trincheras de los municipios han sido asesinados más de 100 funcionarios públicos, presidentes municipales, alcaldes, regidores, mandos policiacos… el crimen organizado no cede, busca erigirse como un poder fáctico. En muchas regiones de lo que puede considerarse la geografía del narco, lo ha conseguido a sangre y fuego.

En las regiones donde las organizaciones del narcotráfico extienden su poder beligerante, las del convulso México del norte, del noroeste, lo mismo en las montañas de Chihuahua que en las costas del Golfo, en las ciudades fronterizas o en los poblados michoacanos, cientos de presidentes municipales han visto debilitada su gestión ante los embates de la violencia.

El narco exige cuotas económicas y políticas, el control de las policías, el derecho para extorsionar y operar el jugoso negocio de la piratería, el terrible *bisnes* de la trata de personas, el del tráfico de indocumentados, el del robo de automóviles…

La mafia al poder.

La guerra por el control de territorio más elemental: el municipio, la base de la estructura económica y política del país, donde se opera y se siembra el miedo, donde se enfrenta a las fuerzas más endebles del sistema y arraiga la corrupción de las policías.

En septiembre del año 2008, las luces rojas de alarma debieron encenderse; la ocupación del crimen organizado abarcaba el 63 por ciento de los dos mil 441 municipios del país. Edgardo Buscaglia, investigador del ITAM, uno de los especialistas en el tema, presentó los resultados de una detallada investigación sobre lo que puede considerarse la geografía del crimen organizado en México. De acuerdo con Buscaglia, en ese entonces, por lo menos, el ocho por ciento de los municipios mexicanos eran controlados de manera absoluta por el crimen organizado.

De eso se trata y lo han logrado, en más de la mitad de los municipios del país, el crimen organizado, las mafias del narcotráfico; han establecido un poder que hace frente al Estado de derecho: se han erigido con la fuerza de la corrupción y las armas en el verdadero poder, en un gobierno de facto.

De acuerdo con los índices del Instituto para la Economía y la Paz, organización dedicada a la singular tarea de la medición de la paz y la democracia en el mundo, para lo que toma en cuenta índices como el gasto militar, el respeto a los derechos humanos y el acceso a la educación, México se encuentra en los últimos lugares a nivel mundial. Ocupa la posición 107 con índices similares a los de El Salvador, Camboya y Camerún. En este singular *ranking* de la paz, ocupa el lugar 18 en América Latina, al lado de Colombia.

Vidas desechables

NADIE ha reclamado los cuerpos de por lo menos el 25 por ciento de los caídos en la interminable secuela de violencia dejada por el narco en los últimos cuatro años. Los ejecutados, los encajuelados, los decapitados… estos muertos anónimos, estos muertos sin deudos conocidos, sin duda pertenecen a lo que puede considerarse las infanterías del narco: carne de cañón al servicio de las mafias del crimen organizado.

¿De dónde vienen estos hombres cuyas vidas son desechables? Vienen de la pobreza, son víctimas de la degradación social. La historia que se adivina tras ellos ilustra la violencia y la corrupción que el negocio del narcotráfico necesita para sus millonarias operaciones.

A nadie le han importado los cuerpos que terminan en fosas comunes en los cementerios de ciudades como Culiacán, Tijuana, Ciudad Juárez, Mexicali o Monterrey.

Tampoco parece importarle a nadie quiénes fueron sus asesinos.

Los expedientes de miles de homicidios vinculados al narcotráfico se apilan en la montaña de los crímenes sin resolver en algún rincón de las procuradurías de justicia estatales. Son asuntos en los que parece que las autoridades deciden no involucrarse. Después de todo, se trata de gente vinculada al narco. De lo que no hay duda es de la impunidad que priva en estos crímenes, una de las causas de su dramática proliferación.

Pero, ¿de dónde vienen los muertos del narco, los *levantados,* los encajuelados, los decapitados? Hay que insistir: vienen de la pobreza, de la degradación social. Los ejemplos sobran. En Monterrey, por unos cuantos pesos, 200 para ser exactos, se compra la voluntad de los jóvenes que participan en protestas y bloqueos de tráfico, los famosos *tapados.* El acarreo del crimen organizado.

En Monterrey, en alguna época ciudad emblemática de la prosperidad del norte del país, hoy mil 600 pandillas (registradas por la policía) medran la zona urbana. Estas pandillas en su mayoría están formadas por jóvenes sin horizontes en la vida. Se estima que por lo menos 20 de estas pandillas están al servicio de los poderosos líderes del crimen organizado. En otras palabras, miles de jóvenes están en riesgo de ingresar a sus infanterías, quizá de convertirse en gatilleros del narco... primero victimarios y, más temprano que tarde, víctimas.

La muerte acecha a los jóvenes

RESULTA que a la muerte le gustan los jóvenes... Si se revisan las cifras sobre mortalidad infantil en México dadas a conocer por el INEGI, llama la atención el hecho de que en los adolescentes se haya incrementado el número de fallecimientos motivados por causas externas, por accidentes, violencia y suicidio.

La muerte acecha a los jóvenes varones de entre 15 y 29 años de edad. En este sector de la población, la mortalidad es tres veces más alta que la de las mujeres. Lo mismo ocurre entre quienes tienen entre 29 y 35 años de edad, sector en que, por cada 100 mujeres que mueren, fallece casi el doble de hombres, 193.

Hasta el año 2008, poco más del 20 por ciento de las muertes de jóvenes de entre 15 y 29 años de edad tuvo como causa accidentes de tránsito. Más del 19 por ciento murió por agresiones cometidas en su contra, y el 6 por ciento, por suicidio.

Habrá que preguntarse qué ocurre cuando las principales causas de muerte en la población de los hombres jóvenes en México son los accidentes de tránsito, las agresiones y el suicidio.

Los niños también se suicidan. El número de muertes por suicidio en la población de 10 a 14 años de edad se incrementa año con año; por ejemplo, en el año 2000 se registraron 108 casos, mientras que cuatro años después los casos de suicidas menores de edad sumaron 148. En 2010, 155 niños se suicidaron en México.

Uno de los indicadores más graves de la condición de los jóvenes en este país es la de la mortalidad que sufren por homicidio. Esta mortalidad, relacionada siempre con la violencia y en muchas ocasiones con la exclusión social, sólo en el año 2005 rebasó un porcentaje de cinco puntos en el país. Según datos de la Red por los Derechos de la Infancia, las entidades más peligrosas para los adolescentes son Chihuahua, Sinaloa, Distrito Federal y Estado de México.

La muerte acecha a los jóvenes y niños en este país, la muerte por efecto de los accidentes, la violencia o el suicidio.

Depredadores de la libertad de prensa

DE ACUERDO con los recuentos de distintas organizaciones, e información de la Comisión Nacional de Derechos Humanos, los periodistas asesinados en los últimos 10 años son 62, 62 vidas truncadas. A ello hay que sumar 10 colegas desaparecidos.

Es la geografía de la violencia perpetrada en contra de los periodistas. Las zonas donde se agudizan las condiciones de riesgo coinciden con aquellas en que el narcotráfico ha impuesto la ley de la corrupción y la violencia, donde el crimen organizado se constituye como un poder fáctico.

En los últimos 10 años, en Chihuahua han sido asesinados 10 periodistas, y en Tamaulipas, nueve. Estas entidades encabezan la lista de los lugares donde ser periodista se ha convertido en un oficio de alto riesgo. En Michoacán hay que lamentar tres homicidios y la desaparición de otros tres periodistas; en Oaxaca y Veracruz, siete; en Guerrero y Durango, cinco, todo ello según distintos recuentos periodísticos.

El saldo de los 594 expedientes de queja por agravios sufridos por periodistas, amenazados, agredidos, desaparecidos, asesinados, radicados en la Comisión Nacional de los Derechos Humanos, es el mismo que el de las 20 recomendaciones emitidas por ese organismo de 1995 a la fecha: la impunidad.

Los asesinatos de periodistas se han multiplicado en el gobierno de Felipe Calderón. La llamada guerra del narco ha recrudecido la violencia sufrida. Según información de la CNDH, en 2007 fueron asesinados cuatro periodistas, 10 en 2008 y 12 en 2009. La organización Reporteros sin Fronteras consideró esta situación como una "hecatombe" para la libertad de expresión.

Para Reporteros sin Fronteras, los cárteles de Sinaloa, Juárez y el Golfo son algunos de los 40 depredadores de la libertad de prensa que hay en el mundo. Los focos rojos de alarma se encienden cuando organizaciones terroristas, criminales y personajes poderosos atentan contra el derecho de informar.

Reporteros sin Fronteras identifica a los depredadores de la libertad de prensa en los siguientes términos: "políticos, dirigentes de instituciones del Estado, jefes religiosos, milicias u organizaciones criminales que atacan directamente a los periodistas; que hacen de la prensa su enemigo preferido, su bestia negra. Poderosos, peligrosos, violentos, están por encima de las leyes".

Para que el crimen organizado se erija como un poder fáctico es necesaria la corrupción y la complicidad. Los agresores de periodistas más frecuentemente identificados son funcionarios públicos. En el informe en el que el Centro Nacional de Comunicación Social y Artículo 19 documentan las

244 agresiones sufridas por periodistas en el año 2009, se afirma que en más del 65 por ciento de los casos los agresores fueron funcionarios públicos.

Desplazados por la violencia

LA VIOLENCIA del narcotráfico y su combate genera efectos lamentables, repercusiones de lo que puede considerarse una guerra. Después de la muerte de Ezequiel Cárdenas Guillén, conocido como *Tony Tormenta,* en las poblaciones de Mier y Camargo se vivió el fenómeno del desplazamiento. Por lo menos 350 personas, de acuerdo con distintos reportes periodísticos, dejaron atrás su casa, su empleo, su manera de vivir, para refugiarse en Ciudad Alemán, donde incluso se abrió un albergue para atenderlos como damnificados.

En este desplazamiento forzado subyace el terror. Una serie de amenazantes llamadas telefónicas provocaron la huida de Mier y Camargo. La advertencia fue que pronto llegarían hombres armados y arrasarían con los habitantes de los pueblos. Una advertencia que la gente de la región de la llamada Frontera Chica sabe bien que el crimen organizado puede cumplir en cualquier momento. Son muchos quienes han sufrido extorsiones y secuestros, quienes han padecido también las consecuencias de la disputa por este estratégico punto para el trasiego de drogas entre el Cártel del Golfo y su antiguo brazo armado, los Zetas.

Al desplazamiento, que bien puede considerarse masivo, de los habitantes de Ciudad Mier y de Camargo lo antecedió la huida de cientos de personas a lo largo de los meses recientes. Un desplazamiento constante, resultado del clima de violencia que se vive en la región.

Según reportes periodísticos, el alcalde de Ciudad Mier, José Iván Macías, despachó en el albergue instalado en el Club de Leones de Miguel Alemán, lo cual constituyó un hecho sin precedentes.

El municipio de Ciudad Mier colinda al sur y al norte con el estado de Nuevo León, y con el municipio de Guerrero. Al este, con Miguel Alemán y con Estados Unidos. Por su ubicación geográfica, es un lugar propicio para el almacenamiento y el transporte de la droga con destino al mercado de norteamericano. Desde Mier es fácil entroncar con rutas carreteras, que prácticamente se enlazan con todo el sur de Estados Unidos.

Antes de la caída de Ezequiel Cárdenas, Ciudad Mier era considerado uno de los bastiones del Cártel del Golfo. Por efecto de la violencia, el número de sus habitantes había venido sufriendo un paulatino decrecimiento y apenas alcanzaba los 900 habitantes. Hoy es un lugar despoblado a causa de la violencia, el escenario del obligado desplazamiento de quienes dejan atrás todo ante la amenaza de perder la vida.

Las llamadas recibidas por los pobladores de Mier después de la muerte de *Tony Tormenta* eran amenazantes: o la gente abandonaba sus casas y al pueblo o, se insistía en el término, serían arrasados.

Los dineros del narco

AL FINAL DE LA CUENTA de los muertos del día, de acciones que bien pueden definirse como una escalada del narcoterrorismo, está el negocio. Un negocio de miles y miles de millones de dólares.

Las estimaciones del Reporte Internacional de la Estrategia para el Control de los Narcóticos coinciden con las de muchos especialistas: 25 mil millones de dólares provenientes del negocio del narcotráfico se introducen al año a la economía mexicana. Crean negocios, hacen florecer de la nada lo mismo lujosos fraccionamientos que complejos turísticos, cadenas de comida rápida o de farmacias; también sirven para erigir los más fastuosos locales dedicados a los llamados *giros negros*.

Ahí está la clave y lo saben los estrategas militares del más alto rango: hay que evitar el abasto de los recursos financieros con los que operan las transnacionales del narcotráfico. Recursos financieros necesarios para su infraestructura de transporte, almacenamiento y producción. Recursos financieros con los que aceitan la maquinaria de corrupción que los protege, con los que pagan a sus infanterías de sicarios, con los que compran el armamento de que disponen.

De acuerdo con cálculos de las autoridades mexicanas, el monto del negocio del narcomenudeo, el de las "tienditas" que proliferan por todas partes, recurrente escenario del infierno de las adicciones, es de ocho mil millones de dólares.

Una cifra fabulosa que explica el poderío de las organizaciones criminales del narco.

Se trata de hacer cuentas y reconocer la realidad. Distintos investigadores consideran que los 25 mil millones de dólares que al año penetran en la economía mexicana, provenientes del narco, el colosal dinero que lava su oscuro origen, llegan a infiltrar el 78 por ciento de la economía del país.

¿Cuál es el tamaño del problema? El de los recursos financieros con los que operan las empresas transnacionales del narcotráfico. Según datos de investigadores académicos, como el mencionado Edgardo Buscaglia, del ITAM, estos recursos financieros pueden estimarse en el 15 por ciento del PIB, lo que representaría 850 mil millones de dólares.

Ésa es la realidad en la llamada por muchos guerra del narco. El enemigo a que se enfrenta el Estado mexicano, las distintas organizaciones criminales, dispone en conjunto de casi un billón de dólares para soportar los ataques, responder con acciones bélicas y, como lo hemos visto, sembrar el terror.

Lo peor es que el negocio sigue prosperando: la disponibilidad de las drogas en el mercado de las calles de las ciudades de Estados Unidos se mantiene. En ese mercado pueden ser adquiridas dosis de crack, metanfetaminas en cualquiera de sus presentaciones, el gramo de coca o la medicinal marihuana. La presencia de las organizaciones criminales mexicanas se extiende por 200 ciudades estadounidenses.

Otra prueba de que el negocio prospera, a pesar de la guerra del narco y sus sabidas consecuencias, es la expansión de los cárteles mexicanos por América Latina y el mundo. Un informe del Departamento de Justicia de Estados Unidos, preparado con información de la DEA, revela que las transnacionales del narcotráfico mexicanas operan lo mismo en Buenos Aires que en Alaska, Sydney y Guatemala.

De acuerdo con información de la PGR, en lo que va del sexenio han sido detenidas poco más de 67 mil personas. La gran mayoría de ellas, más de 64 mil, eran vendedores callejeros de droga y sólo 50 se consideran operadores financieros.

Hasta el momento, las acciones del combate al narcotráfico no han sido capaces de desmontar lo que puede contemplarse como una red de lavado de dinero de ninguna de las transnacionales del narco mexicano; tampoco de capturar a quienes las operan y mucho menos desarticular los mecanismos con los que se lava dinero en México. Hasta ahora las ganancias que representa el impacto de 25 mil millones de dólares ingresados a la economía mexicana permanecen intactas.

Ejércitos del narco

EN LOS *LEVANTONES* de todos los días, en las ejecuciones diarias, en los ataques con granadas de fragmentación registrados a comandancias de policía, en las decapitaciones y demás actos del narcoterror participan quienes forman filas en las infanterías del crimen organizado; hombres dedicados al oficio de gatillero, de sicario, algunos de ellos entrenados en el manejo de armas, integrantes de verdaderos grupos paramilitares.

Desde la década de los años 90, organizaciones como la de los Arellano Félix formaron comandos dispuestos a realizar cualquier operación, planeada y ejecutada con el armamento necesario; lo mismo un ataque en contra de los capos rivales que homicidios, secuestros y labores de seguridad para sus jefes.

En esos años, el Cártel de Tijuana reclutó a pandilleros de la M Mexicana y la Logans, un barrio de San Diego. Con ellos se formó el primer grupo de lo que se puede considerar ejércitos del narco.

Un expediente penal en poder de este reportero relata cómo se reclutó entonces a los pandilleros: agentes del FBI lograron la colaboración de un pandillero de la M Mexicana. La reunión en un cuarto de hotel de Los Ángeles, entre pandilleros y representantes de los Arellano Félix, fue grabada en video. La propuesta para personajes conocidos como *China Boy* y *Black Dan* fue integrarse al grupo que se encargaba de transportar y dar seguridad a los Arellano Félix. El pago por cada homicidio sería de 30 mil dólares.

La historia de los Zetas se remonta a los años 1997 y 1998, cuando fueron capacitados en Estados Unidos más de mil integrantes del Grupo Aeromóvil de Fuerzas Especiales (GAFES). De esa manera, lo que bien puede considerarse el semillero del peligroso grupo criminal fue integrado por militares desertores.

Osiel Cárdenas pactó con ellos para formar lo que fuera el brazo armado del Cártel del Golfo, con soldados entrenados en tácticas y estrategias sofisticadas, en el uso de armas y elementos sicológicos para enfrentarse al enemigo. Los flamantes sicarios del Cártel del Golfo sabían sembrar el terror, pero no fueron los únicos.

Joaquín el *Chapo* Guzmán, líder del Cártel de Sinaloa, reclutó a los más feroces de sus integrantes en el sur, en la frontera de México con Guatemala, una zona de influencia de la organización. Los *maras* venidos de la pobreza, con su violento pasado a cuestas, fueron de lo mejor para cumplir crueles venganzas y homicidios. Los kaibiles desertores del Ejército guatemalteco demostraron ser especialistas en la decapitación.

De toda esta negra historia, la historia de los sicarios en México, hay constancia. Las muertes se multiplican. La violencia, la crueldad sin límite responden a la estrategia de sembrar el terror.

Los policías al servicio de los narcos, convertidos en comandos negros, como el que hace algunos años actuó en Ensenada y Tijuana, son también parte de los grupos armados al servicio de las organizaciones criminales.

Se sabe que La Familia reclutaba a quienes formarían parte de sus sicarios en centros de rehabilitación por adicción a las drogas. Nada como una andanada de billetes para comprar la voluntad. Nada como un arma y el poder de dispararla.

¿Cuántos grupos armados, cuántos comandos, cuántos grupos paramilitares actúan bajo las órdenes de los diferentes grupos del crimen organizado que extienden su poder y violencia por distintas zonas de la geografía de nuestro país?

Por lo pronto podemos sumar a los *pelones* del *Chapo,* a los Zetas, a los matones de La Familia y a los *maras* del sur.

Ésos son los visibles, de los que se tiene noticia, pero, ¿cuántos más operan en la clandestinidad?

Violencia y economía

¿CUÁL ES EL COSTO de la inseguridad que padecemos? ¿Cuánto afecta a nuestra democracia la acechanza de la violencia? ¿Sobre qué sectores se cierne la amenaza de la extorsión por criminales?

Las respuestas a estas preguntas no están en el aire. Son dolorosas y revelan qué tanto ha afectado a sectores productivos y al desarrollo democrático del país el incesante acontecer de hechos delictivos vinculados con el crimen organizado.

El reporte *Situación México*, elaborado por el grupo BBVA Bancomer, señala que los costos del incremento de la violencia son similares al uno por ciento del PIB, lo que equivale a 130 mil millones de dólares al año. También afirma que un entorno de violencia eleva los costos de producción porque incrementa los costos de seguridad, además de los de transacción por el efecto del deterioro institucional que genera la inseguridad.

Otra fuente de información para documentar el costo de la inseguridad son las encuestas que cada mes el Banco de México realiza entre distintos especialistas en economía adscritos al sector privado. El 17 por ciento de los encuestados menciona a la inseguridad pública como el principal factor que hoy en México inhibe el crecimiento económico.

Más allá de las encuestas, sobre todo para los comerciantes y pequeños empresarios del país, la inseguridad representa la amarga realidad de la constante extorsión de la que muchos de ellos son víctimas.

Según información divulgada por la Comisión de Seguridad Patrimonial y Justicia de las Centrales de Abasto, el 40 por ciento de los 96 mil comerciantes adscritos a las centrales de abasto del país son extorsionados.

Las consecuencias por no pagar las cuotas mafiosas de protección pueden ser fatales.

Los comerciantes denuncian que en el norte del país, sobre todo en las ciudades fronterizas de Tamaulipas y Chihuahua, lo mismo que en algunas ciudades de Michoacán, la mayoría de quienes comercializan sus productos en centrales de abasto son extorsionados. Quienes se han negado a pagar las cuotas del terror han sufrido las consecuencias del secuestro de algún familiar cercano o el incendio de su negocio. Estos casos se multiplican con toda impunidad.

En cuanto al nivel personal, distintos especialistas consideran que el entorno de violencia afecta la productividad de los trabajadores, además de que les genera un mayor estrés.

En cuanto al desarrollo de la democracia, la Fundación Konrad Adenauer presentó el resultado del *ranking* de Desarrollo Democrático elaborado por la Consultoría Poliat. Indica que México se encuentra en el quinto lugar en América Latina, después de países como Chile, Uruguay, Costa Rica y Panamá.

El crimen organizado atenta contra el desarrollo democrático de un país cuando incide en la calidad de vida de las personas, los procesos electorales, la representación gubernamental y la libertad de expresión.

El negocio del narcomenudeo

EL NARCOMENUDEO prospera en las calles del Distrito Federal, se extiende por zonas donde la vigilancia es escasa, donde la marginación, la falta de servicios de todo tipo, acompaña a la proliferación de la criminalidad, no sólo en el México de los barrios populares y modestas colonias, como ocurre en las zonas calientes de la Cuauhtémoc o Iztapalapa, sino también en los poblados rurales del Valle de México, como Milpa Alta, Cuajimalpa o Tlalpan.

Un dato sobre la proliferación del narcomenudeo en la ciudad de México, sobre el tamaño del negocio: de acuerdo con información de la Secretaría de Seguridad Pública del Distrito Federal, en el año 2006 existían cinco mil puntos de venta de drogas. Tres años después, en 2009, según estimaciones de la Procuraduría General de Justicia del Distrito Federal, había por lo menos 40 mil.

Las ganancias del narcomenudeo varían: pueden ir de los cinco a los 20 mil pesos diarios en cada punto de venta. Una suma que si se multiplica por el número de "tienditas" al mes resulta millonaria. Éste es el negocio. El negocio que distintos grupos criminales se disputan en los barrios y calles de la ciudad de México.

En el país resulta un buen negocio dedicarse al narcomenudeo y lo saben las transnacionales del narco. Datos de la Secretaría de Seguridad Pública Federal sostienen que en nuestro país se consumen 500 toneladas de drogas al año, lo que
genera ganancias por ocho mil millones de pesos. Si a estas
exorbitantes ganancias le sumamos la impunidad, es sencillo
explicar el porqué de la proliferación de las llamadas "narco-
tienditas", lo mismo en las ciudades que en los poblados de
todo México.

¿Cuánto cuesta hoy un gramo de coca? De acuerdo con
estimaciones oficiales, el gramo que puede considerarse puro,
del que pueden hacerse cortes y más cortes, alcanza los dos
mil 500 pesos. En los últimos años, el costo del gramo de
coca se ha incrementado en un 90 por ciento.

¿Cuánto gana el narcomenudista, el personaje que opera
el último reducto del negocio, el último eslabón en la cadena de la distribución de drogas?

Resulta difícil saberlo, pero, según diversos testimonios, si
hay suerte se pueden obtener ganancias de entre ocho mil y
15 mil pesos al mes... El resto es para quien controla el negocio, quien ha logrado establecer el cerco de protección que
le permite operar. Un cerco en el que resulta clave la corrupción a todos los niveles, desde los policías que vigilan el *bisnes* callejero, hasta los políticos, incluidos desde luego los jefes policiacos, quienes dan la orden de mirar a otro lado, de
no molestar a los distribuidores hormiga de la droga.

Desde hace años el narcomenudeo prospera lo mismo en
Culiacán que en Tijuana o Guadalajara; en Neza, el Distrito

Federal, Nuevo Laredo y Monterrey, o en Apatzingán y Acapulco… La lista de ciudades y poblados con "tienditas" a la vuelta de la esquina es interminable.

Las mujeres y el narco

EL NÚMERO de mujeres recluidas en las prisiones de México ha tenido un incremento del 192 por ciento en el lapso que va de 1996 a 2010, según datos de la Secretaría de Seguridad Pública Federal. La mayoría de estas mujeres se encuentran en proceso o fueron ya sentenciadas por delitos relacionados con el narcotráfico. Son conocidas como *mulas,* dedicadas a la transportación de droga a menor escala, o narcomenudistas. Todas forman parte de lo que se puede considerar infanterías del narco.

Las precarias condiciones sociales y económicas de la mayoría de estas mujeres las ha llevado a convertirse en mano de obra barata y desechable para el crimen organizado. Los personajes como la *Reina del Pacífico,* con la presencia y el glamour de Sandra Ávila Beltrán, son pocas en esta realidad donde priva la explotación de que muchas mujeres son víctimas. Mujeres que hoy purgan condenas en los penales del país, sobre todo en las cárceles de ciudades fronterizas, como Ciudad Juárez, Tijuana y Nuevo Laredo.

Información del Inmujeres estima que el 60 por ciento de las mujeres que en México se encuentran privadas de la libertad están acusadas de delitos contra la salud. El 60 por ciento de esas mujeres fueron sentenciadas por delitos de transportación de drogas y su introducción en los penales.

Las llamadas *mulas* llevan mínimas cantidades de droga en maletas o en bolsas adheridas al cuerpo. Algunas de ellas ingieren cápsulas que contienen droga y convierten así su propio cuerpo en un medio de transporte.

Los casos de las llamadas *aguacateras* se propagan. Estas mujeres introducen pequeñas cantidades de droga a los penales. El contrabando hormiga que llevan a cabo resulta fundamental para el negocio de la venta de drogas en el interior de los penales.

El otro rubro de operación en el que el crimen organizado recluta mujeres es el del narcomenudeo. Vendedoras en las "tienditas", trabajadoras eficaces en éstas, lo mismo que en la calle. Hay que señalar, sin embargo, que las verdaderas ganancias del negocio jamás llegan a sus manos, sino que escalan hasta lo más alto en lo que se puede considerar una pirámide de distribución comercial, donde ellas ocupan el último peldaño.

El perfil de las mujeres que viven en reclusión, de la población penitenciaria femenina en México, es sobrecogedor. La mayoría son jóvenes; sus edades fluctúan entre los 18 y los 35 años de edad. Proceden de un estrato económico bajo o muy bajo, de hogares donde privó la violencia y terminaron por desintegrarse. El 30 por ciento de estas mujeres tiene antecedentes penales.

Más allá de los datos, es un hecho que las mujeres que se ven privadas de la libertad sufren con mayor frecuencia que los hombres el abandono por parte de sus parejas y familia.

En su mayoría, las mujeres convertidas en vendedoras del narcomenudeo o *mulas* para el trasiego de droga en pequeñas cantidades tienen como origen común la pobreza.

La hora del narcoterror

EL TERRORISMO, como un brutal instrumento, ha sido usado antes por el crimen organizado. Nuevos terroristas actúan con nuevos recursos. Las redes sociales son eficaces para propagar el temor en sociedades o grupos que reconocen su vulnerabilidad, como aquellos lugares donde el Estado de derecho, las instituciones, son endebles y antes se han visto no sólo amenazados, sino vulnerados.

Distintos investigadores y especialistas han definido al terrorismo por sus características: lo primero es el uso de la extrema violencia... sus tácticas devienen en ataques en los que muchas veces las víctimas, además de inocentes, son también vulnerables. Muertes que provocan dolor y malestar social, como puede ocurrir con los jóvenes. Las acciones del terrorismo son encubiertas e impredecibles, lo que provoca la propagación del miedo.

No hay duda de que el terrorismo tiene una dimensión política. Sus víctimas no son sólo los decapitados, los *entambados,* los *encobijados,* los *pozoleados*... Se busca multiplicar el mensaje del miedo, demostrar la fuerza atroz de la violencia que puede desatarse en cualquier momento, y que el conjunto de la sociedad pueda sufrir las peores consecuencias.

De una o de otra manera, todos somos sus víctimas. Víctimas simbólicas.

¿Ha llegado la hora del narcoterrorismo?

Narcoinsurgencia

EL NOMBRE del documento es definitivo: *La narcoinsurgencia de México y la política antidrogas de Estados Unidos*. Fue preparado por el Instituto de Estudios Estratégicos del Colegio de Guerra del Ejército, instancia del Pentágono.

En el texto se definen las características de los grupos paramilitares del narcotráfico en México: "Se está observando una transición del gangsterismo tradicional de asesinos a sueldo al terrorismo militar con prácticas de guerra".

La historia del *34*: Omar Ibarra Lozano fue entrenado como policía de elite. Estuvo adscrito a la Secretaría de Seguridad Pública. Cuando fue detenido, era un destacado operador de la organización criminal de los Beltrán Leyva en el municipio de San Pedro Garza García, en Monterrey. Conocido como el *34*, el ex policía declaró que fue el responsable del adiestramiento de 400 sicarios en las montañas de Guerrero. Sicarios al servicio de los Beltrán Leyva.

Una mañana de junio del año 2009 se desplegaron 60 efectivos de la policía militar en el juzgado federal adscrito al Reclusorio Sur. "Rafael", testigo protegido de la PGR, respondió a un exhorto de declaración proveniente de otro juzgado en Tamaulipas. El desertor del Ejército mexicano, ex integrante del Grupo Aeromóvil de Fuerzas Especiales (GAFES), aceptó su participación en la ejecución de los militares que se negaban a ser parte de los Zetas.

"Hacia finales de 2001 y hasta 2003 participamos en el secuestro y la ejecución de unos 50 militares", declaró con sangre fría el testigo protegido.

El Cártel de Juárez cuenta también con un grupo de ex soldados de elite convertidos en sicarios. Los llaman *Los Linces*. De acuerdo con investigaciones realizadas por la SIEDO, actúan con tácticas militares, usan el más sofisticado armamento y sólo responden a órdenes del más alto nivel en la organización criminal. Se trata de más de 80 hombres reclutados en Sinaloa, Veracruz y en el sur del país. Su misión es aniquilar a cualquier enemigo del Cártel de Juárez. Según los testimonios recabados sobre su modo de actuar, operan como comandos, matan a quien se les ordene.

Osvaldo García, *El Vampiro*, fue uno de los 53 reos que se fugaron del penal de Cieneguillas en Zacatecas en 2010, en una fuga masiva. De acuerdo con su testimonio, los Zetas realizaron tan temeraria acción con el propósito de reclutar *operativos, halcones* y *tenderos*. Las infanterías de su ejército. Los *operativos* son los sicarios; los *halcones,* quienes realizan tareas de vigilancia, y los *tenderos,* los encargados de las "tienditas" del narcomenudeo. La mayoría prefería ser *operativo,* es decir sicario, ganar mucho más dinero que los seis mil pesos que al mes ganan los *tenderos* o los ocho mil que se paga a los *halcones.*

Un dato estremecedor: informes de la Secretaría de la Defensa Nacional publicados en la prensa indican que 427 menores de edad que actuaban como sicarios han muerto en los últimos dos años. Fueron contratados por sumas que oscilaban entre los cinco y los 10 mil pesos mensuales. El 30 por ciento de los cuerpos de estos niños sicarios no fueron identificados, ni reclamados, por lo que terminaron en la fosa común.

Jornaleros del narco

LA GEOGRAFÍA de los narcocultivos se extiende por el país. La siembra de marihuana y amapola se ha multiplicado desde mediados de la década de los 90 en Sonora, Sinaloa, Durango, Michoacán, Guerrero, Veracruz, Oaxaca, Chiapas y Morelos.

¿Cuántos jornaleros mexicanos ocupan hoy el último eslabón en la cadena de producción de las transnacionales del narco? ¿Cuántos no han encontrado más alternativa de subsistencia ante la pobreza y las deplorables condiciones del campo mexicano que alquilarse como mano de obra barata para los productores de droga?

Hace ya algunos años, el 23 de mayo de 2005, Francisco Guevara, dirigente de la Liga de Comunidades Agrarias y Sindicatos Campesinos, denunció la creciente violencia resultado de la penetración del narcotráfico en distintas zonas de Durango, donde, por sus características geográficas y la pobreza de sus habitantes, operadores del narcotráfico empezaron a rentar tierras y contratar jornaleros. Desde entonces la siembra de marihuana prosperó como un gran negocio.

"Los campesinos de Durango están siendo afectados por la infiltración del narcotráfico, la violencia y la extorsión por parte de autoridades policiacas", alertó desde ese entonces el líder de una de las organizaciones que hoy reconocen la presencia del narcotráfico y sus secuelas en el campo mexicano como uno de los temas centrales en sus agendas de trabajo. Tema de verdadera emergencia si se toma en cuenta cómo el narcotráfico ha sido determinante para el deterioro de las redes comunitarias y la degradación social en muchas comunidades y pueblos del México rural.

Las cifras sobre cómo se ha extendido por el campo mexicano el narcotráfico resultan dramáticas.

De acuerdo con distintas fuentes de información, hay que encender focos rojos de emergencia:

José Narro Céspedes, de la Coordinadora Nacional Plan de Ayala (CNPA), entrevistado cuando esta organización campesina protestaba por la falta de recursos destinados al campo fuera de las oficinas de la Secretaría de Hacienda y Crédito Público, afirmó: "Ante la grave crisis que enfrenta el campo mexicano, el narcotráfico ha penetrado en más de un 60 por ciento al agro nacional".

En su plataforma electoral 2009-2012, el Partido Verde Ecologista advierte que el crimen organizado ya se apoderó del 30 por ciento de las tierras cultivables del país.

Hace ya algunos años Ricardo García Villalobos, presidente del Tribunal Agrario, hizo cuentas para determinar en cuántas hectáreas del campo mexicano se cosecha marihuana y amapola. "Cifras oficiales", afirmó en declaraciones recogidas por la agencia Notimex, "marcan que en el sexenio pasado cada 15 minutos se destruía una hectárea con sembradío de estupefacientes. Entonces cada seis horas se erradicaban 24 hectáreas que multiplicadas por 360 días al año suman ocho mil 640, lo que representa 31.6 por ciento de la superficie cultivada."

Son muchas las secuelas de violencia dejadas por la narcoagricultura en el campo mexicano: la explotación de los jornaleros, la violencia, el deterioro del tejido social, la perversión de la escala de valores en miles de jóvenes convertidos en carne de cañón, jornaleros, transportistas en menor escala, sicarios…

Distintos investigadores, como Edgardo Buscaglia, han señalado que en las regiones donde el narcotráfico tiene una mayor influencia éste se ofrece como una alternativa de futuro. Entrevistado por el diario *La Jornada,* Buscaglia afirmó: "En 13 entidades federativas recorridas en los últimos 24 meses hemos visto que en las zonas rojas, es decir, donde hay mayor violencia, los menores de entre los 12 y los 17 años, especialmente hombres, normalmente consideran que los capos y los grupos criminales son una alternativa de vida viable y tentadora".

Pandillas

FUE DADO A CONOCER a través de distintos medios el documento *Pandillas delictivas*, elaborado por la Procuraduría General de la República. Se trata de la geografía de las pandillas en México. Se estima que 214 de éstas, en las que predominan los jóvenes, tienen vínculos con diferentes grupos del crimen organizado.

Las pandillas reclutan a los jóvenes de entre 14 y 17 años, jóvenes para quienes el futuro parece negado, quienes pertenecen a la generación llamada por los medios *Ni... ni*. Ni estudio, ni trabajo.

Esos jóvenes, quienes andan por la vida entre los 12 y 29 años, la tercera parte de la población del país, más de 30 millones de mexicanos, viven un presente difícil, asediados por la falta de espacios para su pleno desarrollo.

Es un hecho: muchos jóvenes en este país no encuentran otra opción que vincularse a las pandillas, pasar a las infanterías del narco.

El niño sicario

PONCHIS, el niño sicario, se iba rumbo al norte. Junto con un par de armas cortas, llevaba en su equipaje un acta de nacimiento con la que pretendía llegar a San Diego, California, donde, dijo, lo esperaba su madrastra.

El *Ponchis* es una víctima más de la violencia generada por el narcotráfico. Según dijo al ser entrevistado tras su captura, tiene 14 años de edad, y desde los 11 años anda en "eso". "Eso", la terrible tarea de asesinar y mutilar.

En este caso, como quién sabe en cuántos más de jóvenes integrados a las infanterías del crimen organizado, la consumación de una existencia limitada a la supervivencia por la pobreza, la marginación y el abandono se da con la tortura y la muerte. La muerte y la tortura de aquellos a quienes se golpea y mutila.

Un dato: la Fiscalía Especializada en Justicia para Adolescentes en Morelos ha procesado a 75 jóvenes de 2008 a la fecha, 53 de ellos relacionados con delitos contra la salud, involucrados en el narcomenudeo. El resto, por posesión de armas de fuego de uso exclusivo del Ejército.

Cualquiera de los indicadores de desarrollo para los jóvenes —educación, salud, trabajo…— se encuentra en crisis. La tercera parte de la población del país, más de 30 millones de mexicanos, viven un difícil presente. Ahí están los datos, de manera conservadora: por lo menos cuatro millones de jóvenes mexicanos no estudian ni trabajan. Forman parte de la generación de los excluidos.

El *Ponchis,* de acuerdo con la entrevista publicada por algunos medios, dijo algo terrible. Lo *levantaron…* un reclutamiento obligado. "Me jalaron." Cuando Édgar "N" era más joven, asaltaba taxistas en Cuernavaca. Un delincuente más protegido por policías corruptos, quienes lucraban con sus asaltos. La ley de la selva: para mantenerse vivo hay que matar. Con el tiempo, la eficacia del niño sicario impactó hasta a sus propios correligionarios.

Cuando el horizonte del futuro luce tan turbio como el presente, hay que encontrar la salida, y la salida está a la vuelta de la esquina, donde se puede vender droga. El Consejo para la Ley y los Derechos Humanos, organización civil, en su informe anual sobre seguridad pública presenta datos acerca de las opciones de empleo que los jóvenes de la ciudad de México y la zona conurbada ven para ellos. El 76 por ciento de los encuestados está dispuesto a recurrir a la venta de droga para generarse ingresos.

La Red por los Derechos de la Infancia documentó el número de homicidios en que las víctimas son adolescentes de entre los 15 y los 17 años. Dos mil 442 jóvenes fueron asesinados en el lapso que va del año 2000 a 2008.

Édgar "N" reconoció haber asesinado a cuatro personas. Cuando le preguntaron cómo lo había hecho, respondió que degollándolas.

Para cuando consumó estos homicidios, hay que decirlo, el *Ponchis,* famoso por ser un niño sicario, ya estaba muerto.

Crisis de la seguridad pública

LA ENTIDAD DEL PAÍS donde los delitos que pueden considerarse "de alto impacto social", como los homicidios y los secuestros, tienen una mayor incidencia es el Estado de México, con un índice de más de 101 mil denuncias por dichos delitos. Ello, según un análisis del Centro Nacional de Información del Secretariado Ejecutivo del Sistema Nacional de Seguridad Pública.

La segunda entidad con el mayor índice delictivo en el país es el Distrito Federal, con más de 71 mil delitos considerados de alto impacto denunciados. Después viene Baja California, con 45 mil; Chihuahua, con 40 mil, y Nuevo León, con más de 30 mil.

Esta información tiene como punto de partida lo publicado en el *Diario Oficial* el pasado mes de enero de 2011, cuando se informó que en el año 2010 se denunciaron ante el Ministerio Público 521 mil 630 delitos, mientras que un año antes las denuncias presentadas fueron de 476 mil 101.

El incremento es de más de 45 mil delitos. Los datos son reveladores de una creciente impunidad que propicia la comisión de delitos, que por sus características y consecuencias lastiman mayormente a la sociedad. Delitos que en la mayoría de los casos son obra del crimen organizado, como el secuestro y el robo de automóviles.

En 2010, según las denuncias presentadas ante el Ministerio Público, se cometieron en el país 13 mil 936 homicidios dolosos. El 77 por ciento de estos homicidios se perpetraron en 12 entidades federativas. Chihuahua es el estado con el mayor índice de homicidios, con tres mil 514, seguido por Sinaloa, con dos mil 83. Desde hace años los cárteles de Juárez y el de Sinaloa libran una verdadera guerra de fatales consecuencias en estos dos frentes.

Pero la violencia del narco incide también en Guerrero, donde se denunciaron mil 376 homicidios, lo mismo que en Durango, con 988. Las siguientes entidades con el mayor número de homicidios dolosos denunciados son el Estado de México, con 954; Baja California, con 810; Jalisco, con 793; Nuevo León, con 770, y el Distrito Federal, con 743.

Las denuncias por secuestro a nivel nacional también se

incrementaron. En el año 2010 hubo mil 142 denuncias por privación de la libertad, 88 más que el año anterior, cuando se registraron mil 54.

La impunidad alienta distintos tipos de delito, de manera ostensible el robo en cualquiera de sus modalidades. Si el año anterior las denuncias por cualquier tipo de robo fueron 460 mil 506, para 2010 la cifra alcanzó las 502 mil 401.

El robo que con mayor frecuencia se comete en México es el robo de automóvil. En el año 2010 se denunciaron 206 mil 944 robos de esta índole. Sin duda, en la mayoría de estos casos intervienen bandas bien organizadas.

Estos datos resultan reveladores: las entidades que por el número de delitos denunciados podemos considerar como las más inseguras no son las que se ubican en las frontera norte, sino en el centro del país, el Estado de México y el Distrito Federal. Tal vez pueda argumentarse que en estas dos entidades los ciudadanos denuncian con mayor frecuencia los delitos de que son víctimas, pero hay hechos que contravienen esta afirmación. Sólo un par de ejemplos. De acuerdo con un informe dado a conocer por la Procuraduría General de Justicia del Distrito Federal, se detiene a cuatro presuntos ladrones de automóviles por cada 100 autos robados... la impunidad.

Las cifras son contundentes: el año 2010 se perpetraron 136 secuestros en el Estado de México; ese mismo año ésta fue la entidad donde se registró el mayor número de robos de automóviles, con 27 mil 643. Las extorsiones también se prodigaron; según la Secretaría de Seguridad Pública Federal, la entidad ocupó el primer lugar en cuanto a la incidencia de este delito, con 11 mil 318 casos registrados.

Historias de policías y... ladrones

PARA QUE LA MAQUINARIA del crimen organizado funcione, hay que aceitarla con la corrupción. Un estimado de los recursos derramados a las mafias policiacas involucradas en el negocio del narcotráfico es de mil 277.27 millones de dólares, de acuerdo con un cálculo de la Secretaría de Seguridad Pública. Dicho cálculo es realizado con base en el déficit salarial con el que operan las corporaciones policiacas. Esta realidad ha puesto en vilo la seguridad pública del país, es un atentado a la gobernabilidad.

Las "cuotas", los "entres", el pago para operar en las calles del país ha adquirido las más sofisticadas versiones. Nada más eficaz que un sicario con placa y arma reglamentaria.

Fue el propio Genaro García Luna quien reveló en cuánto estima la Secretaría de Seguridad Pública la derrama económica que se destina a la corrupción policiaca. El secretario participó en el foro "Hacia un modelo policial para el México del siglo XXI", celebrado en la ciudad de Puerto Vallarta.

"El déficit salarial de los policías municipales es de mil 277.27 millones de pesos mensuales. Eso no lo pagamos y eso es igual a corrupción. Ese déficit lo financia el hampa, la parte delictiva. Hoy en el país la policía sigue operando y ganando dos mil, tres mil pesos, es decir, el coche camina y la gasolina alguien la pone", dijo García Luna.

Poco más del 40 por ciento de los más de 165 mil policías municipales del país gana entre mil y cuatro mil pesos. El 20 por ciento se conforma con mil pesos de salario.

La corrupción está arraigada en las policías del país, les permite operar, determina sus acciones: el cáncer del dinero mal habido, de la formación de mafias policiacas, deviene de la década de los años 70.

A finales de los años 90 se publicó un texto esclarecedor sobre la historia del crimen organizado en México y sus mecanismos de operación: *Todo lo que debería saber sobre el crimen organizado en México,* preparado por el Instituto Mexicano de Estudios Organizados, una asociación civil.

El texto resulta contundente: "La especificidad fundamental del crimen organizado en México es que se origina, se sostiene y nutre desde las estructuras del Estado, en particular de aquellas que teóricamente existen para combatir, precisamente, a la delincuencia".

Si realizamos un seguimiento de la historia criminal en México, es posible reconocer una transformación de sus características a finales de la década de los años 70 del siglo pasado. Desde entonces, la corrupción se extiende por la base de las estructuras policiacas, prosperan negocios como el tráfico de drogas y el robo de automóviles, se constituyen verdaderas mafias policiacas que pueden ilustrarse muy bien con la historia del famoso *Negro* Durazo, poderoso jefe de la policía de la ciudad de México durante el gobierno de José López Portillo.

Los encargados de la operación de los florecientes negocios del crimen organizado tienen un pasado.

"Contra los grupos subversivos o guerrilleros se puso en práctica una estrategia estatal de 'guerra sucia' basada en la violación de los derechos fundamentales, el uso de la tortura, las desapariciones y las ejecuciones extrajudiciales", dice el mencionado texto.

Cuando se da el fin de la *guerra sucia* con la reforma política gestada en los años de gobierno de José López Portillo, la estructura y los mandos encargados de enfrentarse a los grupos subversivos adquieren una nueva función.

"Los guerreros sucios eran capaces de seguir vendiendo a sus jefes y protectores la idea de que la tolerancia a ciertas actividades criminales era un pago justo para una fuerza operativa capaz de actuar en cualquier momento contra los enemigos del sistema [...]. La organización policiaca devenida, más que nunca, en criminal se fue orientando hacia algunas actividades especialmente rentables y que, supuestamente, no perjudicaban a la sociedad, tales como: el narcotráfico, que empezaba a adquirir una importancia inusitada."

El problema no es sólo de recursos económicos, sino de la estructura misma y el funcionamiento de las policías en México desde hace poco más de 30 años.

Para concluir esta visita al origen de la degradación de las policías, vale citar otro fragmento del estudio realizado por el Instituto Mexicano de Estudios del Crimen Organizado: "Cuando las organizaciones criminales operan desde el Estado, cuando desfiguran a las instituciones que debieran combatir al crimen hasta convertirlas en lo contrario, todo se ha pervertido [...]. Desde el punto de vista de las ventajas para delinquir, las mafias policiacas tienen las mayores imaginables, pues cuentan con todo el poder del Estado y con recursos públicos".

En la Asociación de Autoridades Locales de México mantienen los focos rojos de alarma encendidos. La gestión de gobierno de 200 municipios del país está determinada por la presencia del crimen organizado. La inseguridad y la violencia es generada, de acuerdo con esta agrupación de presidentes municipales, por parte del narcotráfico. Los estados donde el problema es más grave, como resulta obvio, coinciden con lo que se puede considerar la geografía del narcotráfico: Chihuahua, Tamaulipas, Baja California, Sinaloa, Durango y Nuevo León.

El control de las policías, sobre todo de la municipal, ofrece a los grupos del crimen organizado impunidad, información privilegiada y redes de control en las ciudades gracias a que se dispone de la infraestructura policiaca para operar, hombres, vehículos y hasta armamento.

Los policías de la primera línea, los que sufren con mayor frecuencia los embates de la violencia o la corrupción, son los municipales. Entre ellos se registra el mayor número de muertes violentas, lo mismo que de casos de presunta vinculación con el crimen organizado.

De acuerdo con datos de la Secretaría de Seguridad Pública, dos mil 76 policías murieron en los primeros tres años de este sexenio. Los policías municipales suman casi la mitad de las bajas, con 915. Ésta es la policía de primera línea, la que se enfrenta a la delincuencia. La policía de la calle y la vigilancia.

El viejo dilema persiste para los policías de este país: plata o plomo.

Muchos de los policías que combaten el delito en el país, los municipales y estatales, lo hacen con recursos limitados y armas viejas. En información procedente de la Secretaría de la Defensa, hecha pública por requerimientos del Instituto Federal de Acceso a la Información, publicada por distintos medios, se señala que el 91.3 por ciento de las fuerzas policiales del país, a nivel estatal y municipal, sólo han adquirido armamento suficiente para dotar al 20 por ciento de sus más de 390 mil elementos.

Sin armas, con deficientes salarios, con la mínima preparación, las policías del país están a la deriva.

Si se revisan las acciones emprendidas en contra del narcotráfico durante el gobierno de Felipe Calderón, una de las constantes son la captura de policías presuntamente vinculados al crimen organizado. Altos mandos fueron detenidos cuando se llevó a cabo la Operación Limpieza, pero la tarea impostergable para transformar de fondo a las policías mexicanas tiene que ver con la vinculación entre el poder político y el poder policiaco, con acciones encaminadas a combatir en los más altos niveles la corrupción.

En el diagnóstico presentado en el citado libro *Todo lo que debería saber sobre el crimen organizado en México,* se remite a la década de los años 70 para explicar el florecimiento del crimen organizado, sobre todo la aparición de los poderosos grupos de narcotraficantes que hasta ahora prevalecen: "Para entonces, desde el Estado se había hecho lo que los criminales no habían podido hacer por sí solos: organizarse, se había creado una enorme maquinaria para obtener dinero, una pirámide en cuya base se situaban los delincuentes comunes, en su segundo piso los agentes y jefes policiacos y en la cúspide las autoridades políticas".